Das Buch über,
von und mit dem Karikaturisten

Frank Lübke

WERDVERLAG

Bildnachweis:

Illustrationen: Nico
Fotos: Bruno Kümin, Zürich (ausgenommen Bilder S. 38/39: Hannover: Blick vom Rathaus über die zerstörte Innenstadt (1945), Bildarchiv Historisches Museum, Hannover; S. 41: Wilhelm Tell, Bildarchiv der Zentralbibliothek, Luzern; S. 48: © 1952 by Rowohlt Taschenbuch Verlag GmbH, Reinbek bei Hamburg; S. 40, 47, 48, 52, 53, 56, 57: Privatarchiv Nico; S. 58/59: Kunstmuseum, Olten)

Alle Rechte vorbehalten, einschliesslich derjenigen des auszugsweisen Abdrucks und der elektronischen Wiedergabe.

© 2003 Werd Verlag, Zürich

Lektorat: Regula Walser
Korrektorat: Andrea Leuthold, Zürich
Gestaltung und Satz: Bruno Kümin, Zürich
Herstellung: Rolf Schöner

ISBN 3-85932-418-7
www.werdverlag.ch

## Nico macht süchtig
## von Walter Stutzer*

Nico ist wie eine Droge; er hat mich süchtig gemacht. Ob jemand wie ich zu den Opfern seiner Strichkünste gehört, lässt sich leicht testen: Wer am Morgen zum Briefkasten geht und ungeduldig die Frontseite des «Tages-Anzeigers» überfliegt, um als Erstes zu erfahren, was denn der Tausendsassa sich am Vorabend zu welchem Thema wieder einfallen liess, der ist wie ich Nico-süchtig.

Diese meine Sucht hat wie jede Krankheit ihre Geschichte. Ihre Anfänge liegen weit zurück; Nicos gezeichnete Gifteleien scheinen langsam, dafür aber umso nachhaltiger zu wirken. Schon vor 50 Jahren fand ich, damals als Auslandredaktor, zu einer lesenswerten Zeitung gehöre die politische Karikatur. Das findet ein halbes Jahrhundert später sogar die NZZ, macht sie doch zurzeit am Samstag auf der zweiten Seite einen schüchternen Karikaturversuch. Zu jener Zeit musste man nach Spitzenleuten im Ausland suchen, und ich sicherte mir die Nachdrucksrechte für den Klassiker Low vom «Manchester Guardian» und für Flora von der «Zeit». Aber der Ehrgeiz zielte natürlich auf Eigenleistungen. In den Sechzigerjahren war es so weit. Der «Weltwoche» konnte ich Hans Uli Steger für eine Karikatur wöchentlich entreissen, und beim Schweizer Fernsehen stach mir ein gewisser Klaus Cadsky, genannt Nico, in die Augen, und 1968, vor sage und schreibe 35 Jahren, begann er für den «Tages-Anzeiger» zu zeichnen. War das ein glücklicher und folgenschwerer Fang!

35 Jahre sind eine lange Zeit, und Abertausende von Karikaturen zu zeichnen, so mag man finden, müsste eines Tages zur Erschöpfung führen. Nico jedoch liess sich als 60-Jähriger von der damaligen Chefredaktion zu einer täglichen Zeichnung auf der Frontseite verpflichten, und wenn man ihn heute nach seinen beruflichen Plänen fragt, antwortet er schmunzelnd, er habe vom Verleger einen Vertrag auf Lebenszeit.

Eine gute Nachricht für mich und alle andern Nico-Süchtigen; denn für mich und für den «Tagi» habe ich ein wenig Angst vor dem Tag, da Nico seinen Tuschstift zur Seite legt. Was machen die dann mit der Frontseite?

*Dr. Walter Stutzer war Chefredaktor des «Tages-Anzeigers» von 1963–1978.

# Inhalt

**Der Zeichner als Stuntman** (Viktor Giacobbo) — 7

**Sonniges Layout** — 8

**«Brillante Leute muss man machen lassen.»** — 34
Ein Gespräch zwischen Nico und seinem Verleger

**Lebens-Linien** — 38
Der Name. Die Eltern. Die Bomben.
Die Suche. Die Schweiz. Die Anfänge.
Die Frau. Die Familie. Die Ansichten.

**Martin Distelis Nachbar** (Peter Killer) — 56

**Antwort-Skizzen** — 60
Ein Gespräch zwischen Nico und Frank Lübke

**Der Workshop** — 66
Wort-Spiele.
Die Karikatur.
Daily Business.

**Warum einer, der zeichnen kann, Wörter braucht** (Dieter Bachmann) — 110

**Bangen und Hoffen** (Peter Hegetschweiler) — 112

**The Best of Nico 2002** (Hans Kurt Studer) — 113

**Erlkönig, für Nico** (Hubert Hagenbuch) — 166

# Der Zeichner als Stuntman
## von Viktor Giacobbo*

Was an ihm – aus meiner Sicht – zuerst auffällt, ist seine Gemeinheit. Jedem fällt sie auf, der eine Aktualität in schriftlicher Form satirisch aufbereiten, sich mit Sätzen und Sprachrhythmus abplagen, mindestens 3000 Zeichen auswerfen muss, ausserdem Wortspiel korrigierende Abschlussredaktoren niederzuringen hat – während er, dessen Name so aufreizend sparsam daherkommt wie sein schnörkelloser Zeichenstil, mit einfachem Strich die komischsten Pointen auf wenigen Quadratzentimetern zielgenau in die Zeitung bringt. Gemein!

Er fällt auf, und zwar nicht nur auf seinem klassischen Tätigkeitsfeld. Ich erinnere mich an einen Benefizabend während des Abstimmungskampfes gegen den ebenfalls sehr komischen Bund der Steuerzahler und zu Gunsten des Casinotheaters Winterthur. Die bekanntesten Bühnenkünstlerinnen, Komiker und Kabarettisten traten auf – doch nur einer räumte brutal ab. Natürlich er. Als Nico auf der Bühne vorgestellt werden sollte, stolperte er, fiel ziemlich auffällig auf seine ganze Länge und triumphierte so mit der spektakulärsten Stunt-Performance des Abends. Zwar behauptete er nachträglich, er sei unabsichtlich gestürzt – und die blutende Nase schien ihm Recht zu geben –, aber so ganz habe ich es ihm nie geglaubt. Als er danach mit leicht angeschwollenem Gesicht, aber lächelnd und freundlich wie immer vor Publikum Karikaturen zeichnete, wurde er von vorwiegend jungen Zuschauerinnen offensiv getröstet. Für uns Übrige blieb einmal mehr blanker Neid.

Jeder Satiremacher, egal welcher Medien er sich bedient, ist beruflich geradezu auf Schmähungen humorfreier Menschen angewiesen; das motiviert ihn, daraus bezieht er seine Inspiration. Auch in dieser Hinsicht wird Nico immer wieder mit Ehrungen überhäuft: «unter der Gürtellinie», «Grenzen des guten Geschmacks überschritten», «bin auch für Satire, aber so nicht», «unter dem Niveau des ‹Tages-Anzeigers›», «Verunglimpfung aller Gläubigen» etc. Während der Karikaturist mit diesen Prädikaten höchster Auszeichnung belegt wird, haben wir von der darstellenden Sparte mit einer nicht versiegenden Schwemme von Prix-Walo-Statuetten zu kämpfen, obwohl deren Endlagerung immer noch ungelöst ist.

Nico, dieser menschenfreundliche Religionsverächter, der sich selbst als «fetter Buddha» bezeichnet, hat ein liebevolles Faible für die klassische Stofflieferantin der weltweiten Humorbranche: die katholische Kirche. Eine Institution, die bereits Generationen von Komikern ernährt hat, weil sie während des Verkündens ihrer hohen moralischen Standards regelmässig über die kleinsten Pimmelchen stolpert. Dass diese Peinlichkeiten jeweils nicht einfach vatikanisch verwedelt werden können, sondern dem reinigenden öffentlichen Gelächter preisgegeben werden – dafür sorgt Nico, und zwar auf der Frontseite des «Tages-Anzeigers». Der Zeitung, der er in den letzten Jahrzehnten Tausende von Zeichnungen zukommen liess und der er im zornigen Affekt bereits zweimal gekündigt hat. Und wie es scheint, wird es so weitergehen. Deshalb wünsche ich ihm, immer noch neidisch, dass er endlich mal kriegt, was er verdient: eine Privataudienz beim Papst. Ich bin mir sicher: Er würde auch dort wieder sehr charmant hin- und auffallen.

*Viktor Giacobbo ist Kabarettist und Autor.

Er zeichnet die Welt, er zeichnet Zürich. Und er zieht sich am liebsten aus beiden zurück. Wann immer er es einrichten kann, fliegt er hinunter an die Côte d'Azur, nach Cannes. Zu seinem geliebten Meer, zu seinen geliebten Scampi. In eine andere Epoche, in seine Schlosswohnung. Vier Tage im Herbst mit Nico. Ein sonniges Erlebnis mit viel Meeresfrüchten, dem afghanischen König und einer Bananenschale.

# Sonniges Layout

**Mittwoch**
Zweimal hat er den Termin verschoben. Die Flugtickets waren gekauft, die Hotelreservierung gemacht. Zwei Wochen vor Abreise ein letzter Kontrollanruf: «Nico, ich komme, wie abgemacht, am übernächsten Samstag.» Stille. «Ja, aber ...» Er hat den Termin missverstanden. Also gut. Kann ja mal passieren. «In dem Fall also in der ersten Ferienwoche, Anreise Sonntagabend, dann haben du und ich Zeit bis Mittwoch oder Donnerstag, um dein Leben, deine Arbeit, ganz einfach, um den ganzen Nico durchzugehen.»
«Okay!»
Man ahnt es. Wieder der Kontrollanruf. Und wieder betretenes Schweigen am anderen Ende der Leitung. «Ich habe gedacht, du kommst am Donnerstag und wir haben das ganze Wochenende ...»

Leiser Ärger droht hochzukommen. Dabei haben mich doch alle gewarnt: Der Nico, das ist eine Schlampe, wenn es um Termine geht. Den musst du wasserdicht nageln. Deshalb wird jetzt alles per Fax fixiert. Inklusive verordneter Rückfax.
Also dann, Ankunft Mittwochabend, Rückflug Samstagabend. Erste Tage fürs Buch. «Okay – ich hole dich in Nizza am Flughafen ab.»
«Nicht nötig. Ich nehme den Bus.»
«Blödsinn. Mea culpa, betreffend die ersten beiden Male. Ich bin dort.»
«Ich werde es ja sehen. Wenn du da bist, gut. Wenn nicht, auch gut.»
Er ist nicht da.

Rein in den Bus und über die nächtlich-verregneten Strassen nach Cannes. Aussteigen, im Hotel einchecken. Die Füsse strecken. Und ran ans Handy.
«Nico? Hallo, also, ich bin da.»
«Ich auch. Seit fünf Minuten. Euer verdammter Flieger war zu früh. Ich war am Flughafen, aber du bist offenbar sofort rausgerannt.»
Warum bloss habe ich jetzt ein schlechtes Gewissen? Nach all den Verschiebungen.
«Tut mir Leid. Wenn du Zeit hast, komm ich heute noch rasch zu dir, und wir besprechen das Vorgehen. Nein, nein – du brauchst mich wirklich nicht im Hotel abzuholen. Ich nehme ein Taxi.»
«Ruf mich an, wenn du vor dem Tor stehst.»
Was meint er damit?
Das Taxi braucht fünf Minuten bis ans andere Ende von Cannes, dorthin, wo es schon viel ruhiger ist.

«C'est ici, Monsieur.»
Ich schaue erst den Taxifahrer an, dann nach draussen. Wir stehen vor einem drei Meter hohen Eisentor. Dahinter windet sich eine Strasse durch etwas, was sich bei Tageslicht als grosser Garten entpuppen wird. Jetzt ist es zu dunkel, um etwas zu erkennen.
«Vous êtes sûr?»
«Mais, oui. Regardez le numéro.»
Die Hausnummer an der rechten der beiden Torsäulen stimmt. Der Strassenname auch. Handy raus und telefoniert. «Ich bin am Tor.»
«Gut. Schick den Fahrer weg. Auf der linken Seite findest du eine Tastatur. Der Code ist 4-7-6-5-8-9-B. Komm einfach den Weg herauf. Ich treffe dich an der Haustüre.»
Ich tippe ein. Majestätisch langsam schwingen die beiden schweren Eisengitter auf.
Knapp hundert Meter schlängelt sich die Zufahrt sanft bergwärts. Wenige Laternen lassen die enormen Dimensionen des Parkes erahnen; im Widerschein des Städtchens heben sich die hohen Bäume als Silhouetten gegen den Nachthimmel ab. Mächtig steht das Gebäude etwas weiter oberhalb da, mit seinen Türmen und Erkern, Balkonen und dem imposanten Eingang.
Hier wohnt Nico?

Hier wohnt Nico!
Das Licht beim Entree geht an.
In Edgar-Wallace-Filmen öffnet in solchen Fällen jeweils ein buckliger Butler die Türe.
Hier ist es Nico selbst, der, zehn Sekunden bevor ich selbst es erreiche, vor das Portal tritt und wartet.
«Ich wusste gar nicht, dass man es als ‹Tagi›-Karikaturist zum Schlossherrn bringt.»
«Blödsinn», wiegelt Nico ab.
«Mir gehört hier ja nur eine Wohnung. Und selbst das ‹mir› stimmt nicht.»
Wir gehen ins Haus hinein.

Später wird Nico erzählen, dass dieser Palast Vallombrosa heisst, was so viel wie dunkles Tal bedeutet, und im 19. Jahrhundert beliebte Nobelherberge für begüterte Touristen aus dem Vereinigten Königreich war. Das erklärt das Ambiente der Eingangshalle. Jetzt ruhig und fast kahl, muss hier einst elegantes Leben gebrodelt haben. Man meint, zwischen breiter Treppe und grossem Cheminée Gemurmel und spitzes Gelächter der Hotelgäste zu vernehmen. Bonjour, Madame; tout de suite, Monsieur. Und man kann sie fast sehen, die durch die Halle eilenden Pagen. Von einer Sekunde auf die andere hat die Realität mich wieder. Die Schritte widerhallen auf dem Steinboden der Halle, die plötzlich auch viel zu gross wirkt für ein normales Wohnhaus. Sie ist es auch. Der Lift, einer mit automatischer Schiebetür, der, welch ein Stilbruch, bestens auch in ein Hirzenbacher Hochhaus passen würde, führt in den zweiten Stock. Auch hier ist alles riesig. Der Flur, die Wände. Nico öffnet eine hohe Türe; zwei Schritte, und wir kehren in die Moderne zurück. Nico und seine Frau Katrin haben alles von Grund auf renovieren lassen, als sie dieses Juwel kauften. Wände wurden rausgespitzt, die drei Badezimmer mit viel Geschmack bestückt; es wurde verputzt, gemalt, renoviert, gelegt – was immer es brauchte, es wurde gemacht.

Es hat sich gelohnt. Die Wohnung, von der Anlage her ohnehin sehr grosszügig, nimmt Gäste freundlich auf. Man scheut sich nicht, einfach einzutreten und weiterzugehen. Der Flur, auch er wie alles mit weissem Marmor ausgelegt, wirkt mit der roten Chaiselongue wie der Zwischenraum in einem Kunstmuseum. Nur heimeliger. An den Wänden hängen Bilder des Schweizer Malers Gottfried Honegger. Auch er wohnt hier in «Vallombrosa», ein paar Stockwerke höher.
Nico besucht ihn häufig.

Jetzt verschwindet Nico aber erst einmal ins erste Zimmer rechts. Es ist das Allerheiligste, sein Büro. «Geh durch die hinterste Türe links», ruft er mir zu. «Und nimm einen Happen. Ich komme gleich mit dem Wein.» Die hinterste Türe links führt, vorbei an einem herrschaftlichen Badezimmer, ins Esszimmer. Es wird dominiert von einem grossen, rechteckigen Glastisch; auf der rechten Seite führt ein Wanddurchbruch in die Stube und verleiht den beiden einst getrennten Räumen eine fast verschwenderische Grosszügigkeit. Die breite Fensterfront wird bei Tageslicht einen einzigartigen Blick aufs Meer freigeben. Auf dem Salontisch hat Nico ein paar Brötchen mit Fois gras und zwei Gläser bereitgestellt.
Ein Blatt Papier in der Linken, eine Flasche Weissen in der rechten Hand, kommt Nico ins Zimmer. «Bedien dich. Hier hat es noch etwas Wein. Ich selber trinke nur sehr wenig. Aber er ist bestimmt gut.»
«Danke. Wo ist denn deine Frau? Ist sie nicht in Cannes?»
«Nein, Katrin hat in der Schweiz zu tun. Es geschieht oft, dass wir nicht gemeinsam hier unten sind.»

«Prost!»
«Santé!»
Wir nehmen einen Schluck. Nico gehört weder zu jenen vielen, die von sich behaupten, viel von Wein zu verstehen, noch zu jenen wenigen, die es wirklich tun und ihn deshalb auch zu geniessen wissen. Deshalb bleibt der erste Schluck auch unkommentiert. Nico schaut mich an. «Also.»
«Was also?»
«Mach jetzt das Buch!»
«Ich bin schon dabei. Ausserdem machen wir es gemeinsam.»
«Gut, aber erst morgen. Iss jetzt.»
Die rustikalen Canapés schmecken hervorragend. Nico mag kein ausgesprochener Weinkenner sein. Doch er weiss zu geniessen. Nicht auf jene «spitzfingrige» Szeneart, die ihm selbst zuwider ist. Dafür üppiger, praller, gröber, trotzdem mit weit mehr «Savoir». Vielleicht drückt ein Beispiel am besten aus, wie das zu verstehen ist. Wochen später werde ich kurz bei der Vernissage von Nicos aktuellem Jahrbuch mit den gelungensten Zeichnungen der letzten zwölf Monate vorbeischauen. Sie findet statt im Restaurant «Hornegg» im Zürcher Seefeld. Eine «Quartierbeiz» neben den Geleisen. Als ich reinkomme, sitzt Nico gerade vor einem Teller zünftigem «Potaufeu». Es sei das beste in Zürich, meint er verschmitzt und isst genüsslich weiter.

*Das Restaurant «Hornegg» im Zürcher Seefeld*

*Auf dem Marché Forville in Cannes*

Wir plaudern über dies und das. Dann hält Nico das Blatt Papier, das er die ganze Zeit schon in der Hand hielt, hoch. Es ist ein gefaxter Artikel des «Tages-Anzeigers», wie er morgen in der Zeitung stehen wird. «Ich muss noch arbeiten. Lass mich das heute alleine machen; dabei sein kannst du ab morgen.» Dann zuckt er zusammen und hält sich die linke Flanke. «Was ist los?»
«Das darf ich nicht erzählen, weil es keiner glauben würde.»
«Sei nicht albern!»
«Na gut. Als ich dich auf dem Flughafen abholen wollte, bin ich – und lach jetzt nicht – auf einer Bananenschale ausgerutscht. Ich bin tatsächlich, wie in den billigsten Witzzeichnungen darauf ausgeglitten und auf die Seite gestürzt. Irgendetwas tut weh.»
«Willst du einen Arzt sehen?»
«Blödsinn. Geh jetzt nur.»
Zu Fuss sind es kaum mehr als zehn Minuten zurück ins Zentrum von Cannes, zur Croisette, zum Hafen und zu einem kleinen Schlummertrunk. Dabei geht mir die Frage nicht aus dem Kopf: Stimmt das mit der Bananenschale?

**Donnerstag**
Es hat aufgehört zu regnen. Das Frühstückszimmer des Hotels liegt im obersten Stockwerk. Es gibt Croissants, einen Kaffee, der seinen Namen verdient, und eine herrliche Aussicht auf tout Cannes, das jetzt unter einem strahlend blauen Himmel liegt. Das Handy vibriert. Nico ist dran.
«Schon wach?»
«Und schon wieder am Essen.»
«Ich komm dich holen.»
Eine Viertelstunde später ist er wirklich da.
Seinen PT Cruiser mit Solothurner Kennzeichen hat er in einem Parkhaus abgestellt. Wir gehen gemeinsam dorthin, durch die engen Gassen von Cannes mit den hier fast unpassend eleganten Geschäften. Nico erzählt eine unglaubliche Geschichte, die ihm vor wenigen Monaten auf einem Parkplatz vor dem Bahnhof geschehen ist. Eine absolut blödsinnige Verkettung von Zufällen hatte damals dazu geführt, dass er mit seinem Auto im wahrsten Sinne des Wortes auf dem Dach eines anderen gelandet war.
«Das kam gross in allen Zeitungen», sagt er. Man könnte fast meinen, er sei stolz darauf.
Wahrscheinlich ist er es auch. Nicht wegen seiner Fahrkünste, sondern weil er es mag, einmalig bis hin zur Absurdität zu sein. Das ist ihm damals unfreiwillig gelungen.

**FAITS DIVERS**

Voiture volante devant la gare

Wir fahren hinunter zum Meer. Jeden Morgen setzt Nico sich in eines der Cafés am Boulevard Jean-Hibert. Meistens ins «Le Madrigal», weil es hier auch einen Kiosk gibt mit vielen ausländischen Zeitungen. Nico kauft sich zwei, drei, vier, fünf, bestellt einen, zwei, drei Kaffees und liest. Auch heute sitzt er hier, das Mittelmeer vor sich, die Sonne im Gesicht. Wenn keine Autos vorbeifahren, hört man, wie die Wellen sich an den grossen Molesteinen brechen. Die Rippen tun noch immer weh. Blöde Bananenschale! Nico erzählt. Ganz von vorne, von seiner Kindheit, vom Krieg, vom Vater. Je länger er erzählt, umso mehr schimmert der wirkliche Nico durch, jene immer ein bisschen spöttische Art, die man bei Nico kennt. Fragen, die ihn lenken würden, braucht es kaum. Zwar springt er von Zeit zu Zeit, von Thema zu Thema, doch im Moment ist es wichtiger, ihn einfach reden zu lassen – zu sich selbst reden zu lassen –, als dem Gespräch eine Struktur zu geben.

Irgendwann holt ihn irgendetwas zurück. Da ist es wieder, dieses schiefe Grübchen unter seinem Kinn. Der Schalk, sagt man, sässe den Menschen, so sie ihn besitzen, im Nacken. Nicht bei Nico. Seiner – und er hat unbestritten einen, vielleicht ist er sogar der Schalk höchstpersönlich – liegt weder im Nacken noch in seinen Augen. Er umspielt permanent sein Kinn. Vor jedem Satz kündigt eine Art unverwechselbares Zucken an: Achtung, jetzt kommt eine tiefsinnige Bosheit, eine entlarvende Wahrheit. Meistens verspricht diese mimische Ankündigung nicht zu viel.
«Lass uns essen gehen.»

Über den ersten Teil der Lebensgeschichte des Klaus Cadsky ist es unbemerkt fast ein Uhr geworden. Mittlerweile wärmt die Herbstsonne so, wie sie in schweizerischen Breitengraden im Frühsommer wärmt. Dort regnet es im Moment bei einer Temperatur von acht Grad. «Jetzt weiss ich, weshalb du hier wohnst und nicht mehr in Olten.» «Das ist nur der eine Grund. Den zweiten gehen wir jetzt geniessen.» Nico steht auf und klemmt sich den Mantel, den er jetzt wahrlich nicht braucht, unter den Arm. Eine Frage schiesst durch den Kopf: Weshalb kleidet sich ein solcher Genussmensch, der weder Berge noch Kälte mag, ausschliesslich schwarz? Nico hat keine Antwort.
Zu Fuss sind es kaum fünf Minuten bis ins «Chez Panisse», das für seine provenzalische Küche bekannte Restaurant des Hotels «Sofitel Le Méditerranée». Die charmante Cheffe de Service

kennt Monsieur Nico natürlich, begrüsst ihn lächelnd und führt uns an einen der besten Tische. Auch hier ist für Nico, der die Zürcher «Kronenhalle» seine Kantine nennt, ein Stück zu Hause. Gewählt ist rasch: Meeresfrüchte und Fisch. In den vier Tagen hier unten werde ich ohnehin nie etwas anderes essen. Und Nico ernährt sich, wenn möglich, ausschliesslich aus dem Meer. Dazu ein kleiner, offener Weisser. «Doch, Nico, so lässt es sich leben.» Nico blickt auf; das Kinn zuckt. Doch diesmal sagt er nichts. Braucht er auch nicht. Nach dem Essen benötigen wir eine Pause. Auch voneinander. Nico fährt mich zurück ins Hotel.

Um fünf Uhr treffen wir uns wieder. Dieselbe Prozedur: Taxi, Klingeln, Code, Tore schwingen auf. Doch diesmal ist die Pracht sichtbar: der gepflegte, baumbestandene Park, Richtung Meer leicht abfallend; die eindrückliche Fassade von «Vallombrosa». Nico steht oben in der Wohnung am hohen Fenster, blickt hinab auf mich Ankömmling, die Arme wie segnend ausgebreitet. Wie weiland Karol Wojtyla in seinem vatikanischen Fenster. Nico liebt die grossen Gesten, aber nur, wenn sie ironisch gemeint sind.
Heute zeigt er die ganze Wohnung, die beiden Schlafzimmer von ihm und Katrin. In beiden Räumen hängen farbige Nico-Zeichnungen einer gemeinsamen Reise durch die Südstaaten der USA, ausgefeilte Versionen seiner täglichen Karikaturen. Die schicke Küche mit der Frühstücksbar. Und schliesslich den Balkon mit der grandiosen Aussicht.
«Schau jetzt gut hin», sagt Nico und klatscht in die Hände. Das Geräusch weckt Abertausende von Vögeln auf, die sich auf den Ästen der hohen Tannen und Eukalyptusbäume im Park niedergelassen haben. Aufgeregt flattern sie hoch und formieren sich sogleich zu zwei, drei grossen Wolkenschwärmen. Nervös und mit tausendfachem Gezwitscher wogen diese schwarzen Schleier um «Vallombrosa», vollführen, Fischschwärmen gleich, einen fliessenden Tanz in der Luft, tröpfeln schliesslich einzeln wieder zurück auf die Bäume und beruhigen sich allmählich. «Das sind unsere Stare. Sie ruhen sich aus auf ihrem Weg nach Afrika», erklärt Nico das schon wieder unwirklich scheinende Schauspiel. «Verrückt, was?»
«Nein. Einfach schön.»

Nico hat seinen offiziellen Wohnsitz hier in Cannes. Die Wohnung lautet zwar auf den Namen seiner Kinder, doch besitzen er und Katrin lebenslanges Wohnrecht. Nico ist oft und lange hier. Damit er, der für die Zürcher Hauptzeitung täglich das Alltägliche und das Aussergewöhnliche karikieren muss, weiss, was dort vorgeht, hat er sich kürzlich eine Satellitenschüssel montieren lassen. Über 150 Programme holt sie ihm vom Himmel. Von TV Belutschistan bis zum «arabischen CNN», Al Dschazeera. Und natürlich alle Schweizer Sender, inklusive Tele Züri. Der Fernseher, Teil des Esszimmers, bleibt fast immer eingeschaltet: Hintergrundrauschen für einen Newsaholic, das jederzeit ins Zentrum der Aufmerksamkeit rücken kann. So wie jetzt. Halb acht Uhr: «Tagesschau».
Ein ruhiger, aber schwieriger Tag geht für Nico zu Ende. Noch eine Zeichnung wird er abliefern. Ich mache mich auf den Heimweg. Das Erinnern hat ihn angestrengt. Und ich will mir auf dem Tonband nochmals die Stationen eines jungen Lebens anhören. «Bonne nuit, Nico.»
«Bonne nuit.»

**Freitag**

Der Tag beginnt, wie die Tage hier beginnen. Frühstück, Sonnenschein, dann ab ins «Le Madrigal». Es ist kaum zu glauben, doch es gibt noch immer ein paar Unerschrockene, die auch jetzt noch, Anfang November, im Meer schwimmen. Nico ist schon da, liest und lächelt. «Ist doch lustig», sagt er ohne grosse Einführung, und er meint nicht die Schwimmer. «Auf der einen Seite hast du diese US-Spezialtruppen mit ihrer Hightech-Ausrüstung. Auf der anderen das Mittelalter.» Mehr sagt er nicht zu all dem, was er schon zum Afghanistankrieg gegen die Talibanfanatiker und die Al-Qaida-Terroristen gelesen hat. Nur, dass es doch lustig sei. Wenn er sich bewegt, merkt man, dass Nico noch immer Schmerzen hat. Es gab sie wohl wirklich, die Bananenschale.

Dann wird gearbeitet. Nico redet über sich. Es muss für ihn fast so sein wie für jene Menschen, die angesichts einer lebensgefährlichen Situation ihr ganzes Leben in kürzester Zeit noch einmal durchleben. Der junge Nico kommt in die Schweiz. Stationen in Luzern und Zürich, eine gescheiterte Ehe. Eine bessere zweite. Kinder, Sorgen, Freuden. Und schon ist wieder Zeit zum Essen. «Les fruits de mer nous attendent.» Wir kommen gerne. Diesmal zu einem Freund von Nico. Damals, als er noch hier unten am Boulevard Jean-Hibert ein kleines Appartement mit einer grossen Terrasse gemietet hatte, sass und ass er fast jeden Tag in diesem Lokal direkt am Strand. Nico und der Wirt umarmen sich, scherzen. «Ich wünschte, ich könnte besser Französisch», sagt Nico, als wir am Tisch sitzen. «Mit ihm hätte ich viel zu besprechen. Er ist ein armer Kerl, gesundheitlich.» Dann schweigt er und blickt hinaus aufs Meer. Draussen in der Bucht ankern zwei dieser haushohen Kreuzfahrt-Ungetüme. Ihre Passagiere haben sie in Beibooten, so gross wie Zürichseeschiffe, für ein paar Stunden an Land geschickt. Ausflugszeit. «Nein danke, Nico. Ein Dessert mag ich nicht mehr.» Gegessen haben wir reichlich, getrunken haben wir Mineralwasser. «Alkohol lähmt meine Gedanken», hat Nico gesagt und ein Perrier bestellt. Bald ist viel Arbeit angesagt.

**16.07 Uhr**
Zurück im Palast-Appartement. Nico wartet. Wir zappen durch 150 TV-Kanäle und staunen über die enorme Vielfalt des Einerleis. Der Fax schlägt an. Die Arbeit beginnt. Die Sportkolumne von Felix Kroll kommt rein. «Hast du gewusst, dass derjenige, der hinter diesem Pseudonym steckt, der Mann meiner Trauzeugin ist?» Nico staunt. «Zürich ist eben ein Kaff.» Welcher Zürcher hätte diese Erfahrung nicht schon selbst gemacht?! Nico telefoniert mit der Redaktion. «Vier Zeichnungen wollen sie heute. Etwas für die samstägliche Kommentarseite 2, für die Front ein Thema aus dem Auslandressort, etwas für die Wirtschaft und eben die Illustration für Kroll.» Vier Karikaturen, zu denen erst eine Vorlage da ist. Vier Ideen, die erdacht werden müssen. Vier Zeichnungen, die entstehen sollen. Vier Miniaturen, die mit ein paar Strichen und vielleicht mit wenigen Worten eine ganze Geschichte zu erzählen haben. Vier kleine Wunderwerke, die im Idealfall jeden zum Lachen bringen sollten mit dem Ziel, dass eben dieses Lachen sofort wieder im Halse stecken bleibt. Und das alles in wenigen Stunden. Was anderen kalten Angstschweiss aus jeder Pore pressen würde, lässt Nico scheinbar kalt. Zurück im Esszimmer, liest er in aller Ruhe Krolls Kolumne. Dann legt er sie wieder beiseite.

**18.13 Uhr**
Das Telefon. Zürich meldet, die Wirtschaft habe doch nichts; die Themen für die Kommentarseite, aus denen er auswählen könne, seien: Afghanistan, Bundesrätin Ruth Metzlers Gesetzesnovelle zur schwul-lesbischen Gleichberechtigung und die WTO; vom Ausland gibt es noch nichts Konkretes. Der Fax mit den Kommentaren kommt rein. Nico holt ihn in seinem Büro und kommt zurück ins Esszimmer. Von einer Sekunde auf die nächste ist er ein anderer. Die stete Leichtigkeit, die Nico gleichermassen verspürt wie zelebriert, ist einer professionellen Konzentration gewichen. Fliessend beginnt die Arbeit. Sie wird für heute erst beendet sein, wenn das Faxgerät die letzte Zeichnung durch sein Innenleben gezogen hat.
Nico dreht den Ton des Fernsehers runter und liest alle drei Kommentare durch. Hinter seiner Stirne brodeln Sätze und Erfahrungen, liebenswerte Assoziationen und gemeine Teufeleien. «Ich funktioniere nicht nur auf eine Weise, sondern auf mehrere», versucht er eigene Mechanismen zu beschreiben. Die Eingebung für seine Zeichnungen sind mal erarbeitet, mal Geschenke einer küssenden Muse. «Wenn ich etwas gelesen habe, zu dem ich eine Karikatur zeichnen soll, lässt mich dieser Text nicht mehr los», beginnt Nico das Unerklärliche zu erklären. «Ich spiele mit den Worten, und manchmal inspiriert auch wirklich ein einzelner Satz, den man verdrehen kann.» Oder eine Analogie blitzt aus dem Nichts auf. Oder eine Idee steigt aus den Tiefen der Erfahrungen ins Bewusstsein.
Immer wieder nimmt Nico die Texte, überfliegt sie. «Das muss die Metzler viel Überwindung gekostet haben, diese Worte schwul und lesbisch so häufig und mit einem Anflug von Selbstverständlichkeit auszusprechen», ketzert er belustigt. «Im Moment habe ich noch keine Ahnung, ob ich zu diesem Thema oder zu einem der beiden anderen etwas mache. Oder soll ich ein eigenes, viertes wählen – hättest du eine Idee?» Das habe ich nicht, bin nur froh, dass er und nicht ich unter Deadlinedruck steht. Nico wirkt nie nervös. Solche Situationen, auch wenn nicht immer drei oder vier Zeichnungen abzuliefern sind, sind für ihn Alltag. Trotzdem hat sich, kontrastierend zum luftig-lauen Abend vor der Fensterfront, eine Spannung in Nicos Wohnung breit gemacht. Nico ist vom Gastgeber definitiv zum von mir Beobachteten geworden; ich

vom Gast zum potenziellen Störfaktor. «Damit du es gleich weisst: Helfen können wirst du mir nicht. Ich arbeite immer allein. Selbst mit Katrin funktioniert hier kein verbales und gedankliches Pingpong.»
«Kein Problem, Nico.»

## Kroll und das kleine Blatt

Aussteigen hatte er müssen, vor allen Leuten, zum hinteren Wagen joggen und mit dem Heckkontroller langsam das Tram fünf Meter zurückführen. Statt den Berg hinauf habe er irrtümlicherweise zum Hardturm-Stadion fahren wollen, hatte Kroll die Fahrgäste orientiert, und es schien, als ob ihn die Leute gar nicht so unfreundlich anstarrten. Er sei wohl ein GC-Fan, bemerkte eine Frau mitfühlend, und Kroll entgegnete, eigentlich nicht, mehr FCZ, die Sache sei ihm selber ein Rätsel. Dann hatte er die Weiche mit dem Stelleisen korrigiert und war leicht verspätet weitergefahren.

Natürlich hatte Kroll auf der Weiterfahrt studiert, warum ihm dieser Fehler überhaupt hatte passieren können. Er hatte, musste er sich eingestehen, kurz vor der Weiche an den FC Zürich gedacht.

Ob er nicht endlich losfahren wolle, beschwerte sich laut ein Fahrgast. Er müsse schauen, wo er durchfahren wolle, entgegnete Kroll. Natürlich war das ein Witz, das mit dem Schauen, er musste ja fahren, wo die Schienen waren, aber er hoffte mit dieser Bemerkung den Mann zu verwirren. Tatsächlich schwieg der Mann. Kroll hätte jetzt losfahren können, trotz des kleines Blattes. Aber er würde erst losfahren, wenn er wollte – und blieb stehen.

Paulchen und Maxchen beherrschten seit kurzem einen Trick, wenigstens im Training, den Kroll nicht einmal in der Champions League gesehen hatte. Sie spielten ihm den Ball zwischen den Beinen hindurch und rannten dann, statt klassisch aussen herum, zwischen seinen Beinen hindurch. Im kalten Herbst war der Trick allerdings mühsam: Bei jedem Untendurch fiel den Buben die Mütze vom Kopf. Ein Windstoss kam und wirbelte das kleine Blatt in die Luft.

**18.32 Uhr**
Nico schiebt die Käseplatte, die er nach unserer Rückkehr vom Mittagessen auf den Tisch gestellt hat, und den Wasserkrug mit dem verdünnten Schweppes weg und erhebt sich aus den bequemen Korbstühlen.
«Ich geh mal den Kroll machen.»
«Darf ich kiebitzen?»
«Komm nur, aber sei nicht böse, wenn ich dich wieder rausschicke.»
«Doch.»

Kroll ist, für Nico, vergleichsweise einfach. Hier nimmt er eine Situation aus dem Text als Idee für eine liebevolle Illustration. Die Geschichte dreht sich um den FCZ, um GC und um «Trämler» und deren Söhne. Nico geht ins Büro und setzt sich an seinen grossen Schreibtisch. Auf gewöhnliches Achtziggrammpapier beginnt er zu skizzieren, was sich schon längst hinter seiner hohen Stirn geformt hat: einen kleinen Jungen, der sich, einen Ball am Fuss, durch die Beine seines Vaters dribbelt. «Bei mir», spricht er, während der Bleistift wie von selbst das Bild entwirft, «muss immer alles auf Papier geschehen. Elektronische Hilfsmittel sind, in welcher Form auch immer, nichts für mich.» Die Skizze ist fertig. Nico geht um seinen Schreibtisch herum, setzt sich auf der anderen Seite vor ein kleines, vielleicht 40 mal 50 Zentimeter grosses Leuchtpult. Er legt die Skizze darauf und ein zweites, leeres Blatt darüber. Durch die Leuchtkraft bleibt die Skizze sichtbar. Nico paust sie so, jetzt mit einem schwarzen Tuschstift auf das obere weisse Blatt. Details fügt er erst jetzt ein. Trug der Bub auf der Skizze etwa noch ein uni Leibchen, ziert es auf dem entstehenden Original der Schriftzug FCZ. Plötzlich verrutschen Vor- und Auflage, die weder geklebt noch geheftet sind. «So en Seich!», ärgert sich Nico, seinen typischen Hauch von hochdeutschem Akzent in der Stimme. Dann rückt er die Sache wieder zurecht und bringt die erste von drei Aufgaben, die leichteste, zu Ende. In den Fax damit und weg.

eisen korrigiert und war leicht verspätet weitergefahren.

Natürlich hatte Kroll auf der Weiterfahrt studiert, warum ihm dieser Fehler überhaupt hatte passieren können. Er hatte, musste er sich eingestehen, kurz vor der Weiche an den FC Zürich gedacht und über mögliche Auswirkungen von Niederlagen gegen Lugano und die Grasshoppers in der Tabelle. Diese Überlegungen hatten ihn dermassen beschäftigt, dass er, obwohl die Weiche richtig stand, den Weichenknopf gedrückt hatte. Kroll hasste den Herbst mit der drohenden Abstiegsrunde, dem rutschigen Laub auf den Schienen, der Bise und dem Schnupfen,

Vor seinem Tram lag ein kleines Blatt auf den Schienen. In den leicht verwaschenen Farben der Berner Young Boys und des FC Basel. Wenn er losfuhr, würde das kleine Blatt von zwölf Rädern überrollt. Das war brutal. Das kleine Blatt würde nicht mehr losfliegen können in die Welt hinaus, nicht mehr zum Letzigrund-Stadion hinüber ins Training des

FC Zürich. Wind dafür hätte es genug. Der Wind hatte im letzten Training auch Maxchen immer

nämlich nur um Ha den Weltmeistersc Gold im Mehrkam nach 1994 und 1997 den Weissrussen g der Turngeschichte gen. Iwankow blieb aber «nur» Silber. body mit Namen Fe stand ihm vor dem Tri

Die Chinesen hatten gelassen und an die Nachwuchsequipe en 16-Jähriger ihn dann können, sei keine Schar kow. «China hat ein ries guten Turnern. Der Sieg nur für Aussenstehende schung. Ich bin der Mei an einzelnen Geräten so turnt als die Topstars zu Iwankow am Donnerst «Ibis» in Adliswil, wo er Swiss-Cup-Prominenz si Auftritt beim Gander Morges eingefunden haber

### Lob auch im Frust

Im Verlauf des Gespräc lerdings, dass dem We ganze Geschichte doch ei her geht, als er im ersten ben wollte. Er erinnert an Auftritt an einer WM, 199 als Nobody im Alter von Anhieb WM-Bronze gewa unbekannter Turner hab Jury noch keine hohen men. Anders der Chinese kow war nach Abschlu kampfes der Meinung (un meisten Beobachter), dass zugesprochen würde. Die doch den Chinesen trotz n ner Pauschenkür an die Spi

**19.12 Uhr**
Die Frontseite kommt. Jetzt ist das Thema klar, das die Auslandredaktion «bezeichnet» haben will: ein deutsches Thema um Panzer, Schröder und die CDU-Opposition. Nico, zurück im Esszimmer, liest und liest. Die Frontseite ist klar. Aber was soll er für die Kommentarseite machen? Es ist ganz still.
«Gab es schon mal Panik?»
«Natürlich», sagt Nico. «Spürst du sie nicht? Da ist dieser Termin, der näher und näher kommt. Nur du selbst kommst nicht weiter.»
Wieder ist es still.

**19.28 Uhr**
«Adam und Adam – wäre das was? Für die Schwulen, meine ich.» Eigentlich erwartet Nico keine Antwort.
«Machst du jetzt also etwas darüber auf Seite 2?»
«Ich weiss nicht. Soll ich?»
Wieder werde ich mich hüten, einen Rat zu geben. Welchen auch? Nico geht in die Küche, kommt zurück. Er schenkt sich aus einem Krug etwas ins Glas, trinkt. Und blickt immer wieder auf die Texte aus der Redaktion. Wo bleibt die Muse?

**19.57 Uhr**
«Nein, nichts zu den Schwulen und Lesben. Dazu habe ich schon so oft etwas gemacht.» Nico hat sich entschieden, etwas zum Afghanistankrieg zu zeichnen. Was, weiss er allerdings noch nicht.
Deshalb zieht er die Frontseite vor. Er liest. Ich würde gerne den Fernseher andrehen, doch ich traue mich nicht. Dann verschwindet Nico im Büro, und ich schalte das Gerät ein. In der ARD-«Tagesschau» wird über Merkel und Schröder und den möglichen Kriegseinsatz der Bundeswehr an der Seite der Amerikaner in Afghanistan gesprochen. Wenn die wüssten, dass in einer Wohnung in Cannes deshalb ein Mann Blut und Wasser schwitzt. Auch wenn er sich äusserlich nichts anmerken lässt.

**20.26 Uhr**
Ich bleibe in der Tür zum Büro stehen. «Komm nur rein. Ich beginne gerade.» Auf dem Blatt steht lediglich: «Schrödig, aber nötig.» Der Ausgangspunkt ist gefunden, für einmal ist er verbal. Es ist faszinierend. Nico «at work». Ein Kopf entsteht, eine Hand, ein Körper. Das ist doch ..., ja, natürlich, das ist Friedrich Merz, der CDU-Fraktionsvorsitzende im Deutschen Bundestag. Nico zeichnet ihn mit seltsam grossen Füssen. Dann taucht Angela Merkel, die CDU-Parteichefin, neben Merz aus dem weissen Nichts auf. Auch sie mit riesigen Füssen. Nico zeichnet alles ohne Vorlage, ohne Fotos der Exponenten, einfach aus dem Kopf. Für einen wie mich, der keinen geraden Strich hinkriegt, grenzt das an Zauberei. Irgendwie ist es das wohl auch. Ich trete auf den Balkon und geniesse die Sicht auf die Lichterkette der Küstenlinie. Etwas, was Nico so gut wie nie tun kann. Jeden Abend, ausser samstags, muss er liefern. Wer diese ganz direkten Stresssituationen, aus dem Nichts kreativ sein zu müssen, aushalten will, braucht ein solch beschauliches Ambiente wie das «Vallombrosa». Cannes ist kein überflüssiger Luxus; es ist pure Notwendigkeit.

**21.05 Uhr**
Seite 1 ist als Skizze fertig. Die langen Füsse der CDU-Granden haben einen Sinn bekommen. Die beiden Leader der Koalitionsregierung, Schröder und Fischer, sind den Oppositionellen Merz und Merkel mit dem Panzer darübergefahren. Eine stimmige Karikatur, eine, die zum Denken anregt. Aber keine, die extrem lustig wäre. Nico spürt, was ich denke. «War ein schwieriger Sachverhalt, da war eine einfache Lösung nicht möglich.»
«Ist aber sehr, sehr gut.»
«Kann schon sein. Ins Reine zeichne ich das aber erst später. Jetzt muss erst Seite 2 fertig werden. Die haben früher Redaktionsschluss.»
«Was machst du jetzt? Die Metzler oder Afghanistan?»
«Afghanistan. Ich habe da so eine Idee. Die USA wollen doch den uralten und seit Jahren im Exil lebenden König als Integrationsfigur nach Afghanistan zurückbringen ...»
«Darf ich wieder ...»
«Nein, hau jetzt bitte ab. Warte auf mich im Restaurant ‹Pierrot 1er› unten an der Rue Felix-Fauré. Ich bring dir dann alles mit.»

## 22.18 Uhr

«Hier bin ich.»

Nico kommt auf mich zu und legt einen dünnen Stapel Papier vor mich hin. «Hier hast du alles. Texte, Skizzen und Originale.» Gespannt suche ich die Zeichnung heraus, die vor etwas mehr als einer Stunde noch nicht existierte, mittlerweile seit knapp 20 Minuten in der Zürcher Redaktion des «Tages-Anzeigers» weiterverarbeitet und in wenigen Stunden hunderttausendfach angeschaut wird.

«Brillant», sage ich, nachdem ich sie mir angesehen habe. «Einfach brillant.» Nico antwortet nicht, sondern versucht, gestikulierend, einen Kellner auf sich aufmerksam zu machen.

Die Zeichnung zeigt einen US-Helikopter, in dem auch Präsident Bush sitzt. König Zahir hangelt sich an einer Strickleiter aus dem Hubschrauber hinunter auf afghanischen Boden. Dort halten sich noch immer Taliban- und Al-Qaida-Kämpfer in Erdlöchern versteckt. Den Clou aber hat Nico aufs Haupt des Monarchen gepinselt. Der Pilot fragt Bush: «Bist du sicher, George, dass du dem König die richtige Krone mitgibst?» Denn: Statt einer Krone trägt König Zahir eine Narrenkappe. Woher nur nimmt dieser Nico seine Ideen?

«Ganz ehrlich? Zuerst habe ich ihm eine ganz normale Krone machen wollen, mit einer anderen Pointe, die sich auf die versteckten Kämpfer bezog. Im letzten Moment, ich wollte gerade die Krone zeichnen, die normale, fiel mir dann die Sache mit der Narrenkappe ein, und ich änderte alles. Um punkt 22.00 Uhr jedenfalls lief der letzte Fax. Hat wieder einmal gerade gereicht.»

Völlig entspannt bestellt Nico sich Coquilles, dazu einen halben Weissen aus der Gegend. «Du bist mir nicht böse, dass ich dich runtergeschickt habe, bitte.» «Doch.» Aber ich verstehe es.

**Samstag**
Der letzte Tag. Arbeit gibt es für Nico heute keine. Für die «SonntagsZeitung» arbeitet er nicht. Abends werden wir gemeinsam nach Nizza zum Flughafen fahren und in die Schweiz zurückfliegen. Nico nach Basel, ich nach Zürich. Wieder das «Madrigal», wieder die Tonbandaufnahmen zu seinem Leben. Dann ist auch das getan. Nico zeigt mir sein geliebtes Cannes. Die Croisette runter, vorbei am Casino und an der Luxusherberge «Martinez». Er biegt ein zum Yachthafen, dorthin, wo die prächtigen Motorschiffe der wirklich Reichen liegen. Nico weiss von vielen, wem sie gehören. Nach dem Mittagessen – richtig: Fisch – fahren wir zurück ins «Vallombrosa». Nico will packen und aufräumen. Bald läutet eine Nachbarin an der Türe, eine Bekannte aus Olten, die ebenfalls ein Appartement im Haus besitzt. Sie bewundert Nicos Arbeit und hat angeboten, uns zu fahren. Dann setzt sie sich in den Fond ihres eigenen Wagens und lässt Nico ans Steuer.
Auf dem Airport von Nizza zeigt mir Nico den Ort, wo er auf der Bananenschale ausgerutscht ist. Es bleibt uns eine knappe Stunde für ein letztes Gespräch. Es geht dabei, auch, um Profanes und doch so Zentrales wie um Nicos Kampf gegen die Kilos, die sich so leicht an seinen Hüften sammeln. Und darum, dass ich gespannt darauf bin, während des Fluges seine drei Karikaturen, deren Originale in meinem Aktenkoffer liegen, im «Tages-Anzeiger», zu sehen.
Dann hebt Nico ab.

# «Brillante Leute muss man machen lassen.»

Ein Gespräch zwischen Nico und seinem Verleger. Es kann kein Streitgespräch sein, weil Dr. Hans Heinrich Coninx, wenn es darauf ankommt, das Vertrauen und die Freiheit zum mutigen Strich dem Geld vorzieht. Und weil Nico das nie ausgenutzt hat. Vielleicht sind die beiden im Laufe der Jahrzehnte auch deshalb zu persönlichen Freunden geworden, die sich gegenseitig respektieren. Das ist nicht alltäglich im harten Zeitungsbusiness.

**Wann, Herr Dr. Coninx, haben Sie Nico zum ersten Mal als Zeichner wahrgenommen?**
*Dr. Hans Heinrich Coninx:* Da kann ich, ohne zu zögern, behaupten: vom ersten Tag an, als Nico für den «Tages-Anzeiger» zeichnete. Das muss wohl im Jahre 1968 gewesen sein. Ich war immer ein grosser Bewunderer von Paul Flora, der für «Die Zeit» gezeichnet hat. Ich sah deshalb sofort, dass Nico eine zwar ähnliche, aber doch ganz eigenständige und unverwechselbare Zeichensprache gefunden hatte. Ich mochte sie von Beginn an.

*Nico:* Das freut mich natürlich ganz besonders. Paul Flora ist schliesslich eines meiner grossen Vorbilder.

**Sie, Herr Coninx, haben Nico also nicht persönlich eingestellt.**
*Coninx:* Nein, nein. Damals war ohnehin noch mein Vater an der Spitze des Unternehmens. Ausserdem war es nie unsere Sache, einzelne Redaktoren anzustellen.

**Welche Bedeutung hat Nico für den «Tages-Anzeiger»?**
*Coninx:* Ich möchte mir den «Tages-Anzeiger» ohne Nico lieber nicht vorstellen müssen. Ich glaube, das sagt wohl alles. Denn (er wendet sich an Nico) du bist für mich einer der besten Kommentatoren, die diese Zeitung je hatte. Dir gelingt es immer wieder, mit ein

paar Strichen und ein paar Buchstaben einen Sachverhalt, eine, deine Meinung zu einem Sachverhalt auf den Punkt zu bringen, wie dies mit vielen Worten wohl gar nicht möglich wäre.

**Nun ja, Nico ist jetzt 65 Jahre alt. In 20, 30 Jahren wird er wohl nicht mehr für den «Tagi» da sein. Zumindest nicht mehr täglich ...**
*Nico:* Das ist ja fast nicht vorstellbar!

*Coninx:* Wir haben ja schon gemeinsam Zimmer im Altersheim reserviert ...

*Nico:* Dort machen wir dann, ganz allein für uns, eine Privatzeitung. Aber im Ernst: Ich selber habe sehr früh, schon zu Zeiten von Chefredaktor Peter Studer, immer wieder zu bedenken gegeben, dass ich jederzeit unters Tram kommen könnte. Ich fand damals, der «Tages-Anzeiger» sollte einen zweiten Zeichner haben, damit er nicht ohne Karikaturisten dasteht, sollte ich tatsächlich unter das Zweier-Tram kommen. Studer hat dann immer abgewinkt und gemeint: «Kommt Zeit, kommt Rat.»

**Wenn die Karikatur eine derart zentrale Rolle für den «Tages-Anzeiger» spielt, dann wäre es doch auch Aufgabe des Verlegers, gerade in diesem Bereich alle Eventualitäten zu bedenken.**

*Coninx*: Da bin ich ein bisschen gespalten. Einerseits meine ich natürlich auch, dass man im Sinne der Risikominimierung Nicos Unersetzlichkeit beenden sollte. Mit dem Karikaturisten Schaad haben wir mittlerweile ja auch jemanden, der neben Nico für den «Tages-Anzeiger» zeichnet. Andererseits glaube ich, dass der «Tagi» von vielen mit Nico identifiziert wird. Alle diese Leserinnen und Leser würden Nico extrem vermissen, wenn er weniger zeichnen würde. Ich meine deshalb, dass ein zweiter Zeichner nur dann wirklich eine Chance hat, wenn Nico einmal nicht mehr zeichnet. Ansonsten wird er immer zu dominant sein. Aber ganz ehrlich: Im Moment ist es mir auch egal, wenn die Luft für potenzielle Nachfolger dünn ist. Ich möchte ganz einfach, dass Nico so lange wie möglich beim «Tagi» ist. Es gibt so viele Leute, die jeden Morgen den «Tagi» zur Hand nehmen und zuallererst einmal schauen, was Nico denn heute wieder gezeichnet hat.

*Nico:* Und wenn es mich einmal nicht mehr gibt, gibt es einen anderen. Der Übergang wird sicherlich weit reibungsloser sein, als manche dies heute befürchten. Wenn die erste Geige frei wird, kann sie auch ein anderer bestens spielen.

**Passt Ihnen, Herr Coninx, alles, was Nico zeichnet?**
*Coninx:* Es ist wie mit jedem Kommentar in unserer Zeitung: Da passt mir doch logischerweise der eine oder andere nicht. Trotzdem finde ich es gut, dass es diese Meinungen gibt, und sie sollen auch zum Ausdruck kommen. Auch und gerade im «Tages-Anzeiger». Bei Nicos Karikaturen ist es oft so, dass ich auch dann schmunzeln kann, wenn mir etwas nicht passt.

**Dies ist das Spannungsfeld, in dem jeder Verleger handeln muss. Auf der einen Seite verlangt man von ihm verlegerisches Format, eine Vision. Auf der anderen Seite drängt die journalistische Seite auf möglichst grosse Freiheit – darauf, dass der Verleger nicht ins «daily business» hineinredet. Wie gehen Sie mit diesem Widerspruch um?**
*Coninx:* Der Unterschied zwischen einem Unternehmer, der irgendein Produkt herstellt, und mir ist, dass ich eine gesellschaftspolitische und staatspolitische Vorstellung habe. Gemeinsam mit dem Verwaltungsrat habe ich definiert, welche Rolle unsere Publikationen im Rahmen dieser Vorstellungen einnehmen sollen.

Von diesem Punkt an geht meine Arbeit dann auch schon wieder ins Unternehmerische. Man sucht die Leute, die umsetzen, was man als Richtlinie vorgibt. Meine Rolle als Verleger sehe ich also in der Aufgabe, dass Meinungen im Rahmen unseres eigenen Leitbildes geäussert werden können. Indem ich das akzeptiere, muss ich mitunter, zugegebenermassen, Augen und Ohren schliessen, da in Einzelfragen immer wieder Standpunkte vertreten werden, die meinen eigenen, persönlichen diametral entgegenlaufen. So war meine Meinung zu Abstimmungsvorlagen, etwa in Bereichen der Vermögensbesteuerung oder des Erbschaftsrechts, schon öfter eine völlig andere als die offizielle der «Tagi»-Redaktion. Wegen dieser unterschiedlichen Haltungen werde ich von Personen aus meinem persönlichen Bekanntenkreis immer wieder kritisiert. Doch ich vertrat stets die Ansicht, dass ich den «Tages-Anzeiger» und die anderen Publikationen nicht zur Durchsetzung meiner privaten Interessen einsetzen darf. Das braucht zwar Nerven. Doch es entspricht meiner Vorstellung eines verantwortlichen Verlegers.

**Haben denn Nico und sein Verleger diese gleiche, von Ihnen, Herr Coninx, angesprochene gesellschaftliche Vorstellung? Ist Ihr Verhältnis zueinander deshalb so gut?**
*Coninx:* In Bezug auf Demokratie und gesellschaftliche und kulturelle Entwicklungen liegen unsere Positionen sicherlich nicht sehr weit auseinander. Wo wir wahrscheinlich grössere Diskrepanzen haben, ist die Religion.

*Nico:* Mit 17 Jahren habe ich einen Voltaire in die Hand bekommen – seither habe ich ein mehr als gespaltenes Verhältnis zu monotheistischen Religionen. Aber es stimmt, was Hans Heinrich Coninx sagt: Wir hatten nie grosse Differenzen, was die Zeichnungen betrifft. Nicht einmal, wenn er selbst ein Opfer meiner Feder wurde.

*Coninx:* Wenn man von Nico zeichnerisch berücksichtigt wird, ist man eben zuallererst einmal geehrt.

*Nico:* Ich erinnere mich an das erste Mal, als ich meinen obersten Chef karikierte. In den Siebzigerjahren gab es eine Rentabilitätsstudie zu unserem

Unternehmen. Ich glaube, Nicolas Hayek führte diese Untersuchung damals durch. Ich zeichnete ihn vor dem Schreibtisch von Hans Heinrich Coninx stehend. Hayek sagt zu Coninx: «Von allen Stellen in Ihrem Unternehmen kann nur eine ohne negative Folgen eingespart werden – Ihre.»

*Coninx:* Ich weiss noch, dass einige Leute mich damals ganz erschrocken fragten: «Wie kannst du so etwas nur zulassen?»

*Nico:* Auch im «Tagi» selber herrschte grosse Aufregung. Als ich am Morgen auf die Redaktion kam, war der Redaktor, der die Seite mit der Karikatur zu verantworten hatte, bereits in Tränen aufgelöst, weil er sich wohl schon gekündigt sah. Er «stauchte» mich zusammen, was mir denn eingefallen sei, eine solche Zeichnung ... Ich klopfte ihm beruhigend auf die Schulter und sagte: «Reg dich nicht auf. Am Morgen um acht Uhr hat mich Hansheiri angerufen und gesagt: ‹Du bist ein frecher Cheib – aber das Original will ich dann unbedingt!›» Diese Anekdote erzähle ich sehr gerne, weil sie das Verhältnis, das wir zueinander haben, sehr gut charakterisiert.

### Was darf denn Karikatur?

*Coninx:* Sie darf berühren, in Frage stellen, frech sein. Sonst wäre sie ja langweilig. Sie sollte aber nicht verletzen oder beleidigen in einem grobschlächtigen Sinn. Sonst liegt bei mir alles drin.

*Nico:* Das muss ich präzisieren. Nicht verletzen heisst nur: einen Menschen nicht persönlich verletzen. In seiner Funktion allerdings will und darf ich das durchaus. Am Beispiel der Religion heisst das: Der Mensch in seiner religiösen Empfindung und in der Ausübung seiner Religiosität wird von mir nie beleidigt oder verletzt. Eigentlich existiert er für mich gar nicht. Die Mächtigen, die Strippenzieher religiöser Institutionen, vom Papst bis zu den Imams, die nehme ich dagegen gerne aufs Korn. Dadurch mögen sich zwar einfache Gläubige auch verletzt fühlen, doch ist dies, meiner Ansicht nach, trotzdem statthaft.

*Coninx:* Das kann ich durchaus unterschreiben. Man muss auch bedenken, dass Menschen in diesem Bereich am sensibelsten sind. Das zeigt auch das Ausmass an Reaktionen zu religiösen Themen. Allerdings nicht nur zu Nicos Karikaturen, sondern auch zu Artikeln. Das muss man durchaus ernst nehmen, und wir nehmen das auch ernst.

*Nico:* Ich darf allerdings sagen, dass es meines Wissens, und was mich betrifft, in über drei Jahrzehnten noch nie vorgekommen ist, dass aus der obersten «Tagi»-Etage in irgendeiner Form «zensuristisch» eingeschritten worden wäre. Ich verspürte noch nie Druck von der Chefredaktion oder auch von der Inserateabteilung. Dabei weiss ich, dass gerade diese ab und zu schwer schluckt, wenn ich etwa einen Marcel Ospel karikiere – die UBS ist schliesslich ein wichtiger Inseratekunde.

*Coninx:* Nico muss man auch nicht zähmen wollen. Würde man das schaffen, hätte man ihn und damit seinen ganzen Wert für den «Tages-Anzeiger» zerstört. Ein gebändigter Nico könnte dann ja gleich auf einer Inserateseite abgedruckt werden. Das aber kann ja wohl nicht der Sinn der Sache sein.

**Sind Sie, Herr Coninx, damit grosszügiger mit Nico als mit anderen Kommentatoren?**

*Coninx:* Ich würde es anders ausdrücken: Brillante Leute muss man einfach machen lassen.

# Lebens-Linien

# Der Name.
# Die Eltern.
# Die Bomben.

Als Nico geboren wird, ist die Welt jene andere, finstere, die alle, die später geboren werden, nur in flimmerndem Schwarzweiss kennen. Bombastische Fackelzüge, pathetische Beschwörungen, die Adern gefrieren lassende Bücherverbrennungen, blinde Obrigkeitshörigkeit. Zwei Jahre nachdem Klaus Peter Robert Cadsky in Hannover das Licht der Welt erblickt, beginnt der Zweite Weltkrieg. Diese Zeit, diese Welt prägt ihn.

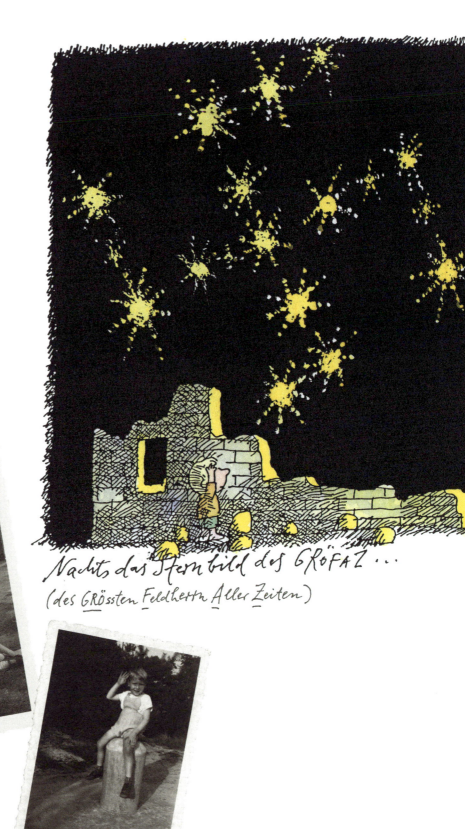

Nachts das Sternbild des GRöFAZ...
(des GRössten Feldherrn Aller Zeiten)

*Unter Mutters Aufsicht lernte Bruder Dietrich, wie man Nachbars Töchterlein küsst.*

Der Name Cadsky (ausgesprochen: Tschadski) sei bekannt in der russischen Literatur, erzählt ihm, viel später, ein Slawistikstudent. Nico recherchiert und entdeckt, dass der Schriftsteller Griboëdow heisst und das Theaterstück «Das Unglück des Schlaukopfes». Nur, dass jener Cadsky ein Freiheitskämpfer war, eine Art russischer Wilhelm Tell. Irgendwie gefällt Nico das. Lange Zeit glaubt er, der Name sei jüdisch. Dies macht ihn weder stolz noch stört es ihn. Bis spätere Nachforschungen ergeben, dass dem nicht so ist. Der Grossvater stammte aus Prag, war dort Schulmeister und wanderte nach Braunschweig aus, der Vater Hermann wird in Braunschweig geboren. Das alles hat Nico später manches verstehen lassen. Nico – so nennt er sich selber: von Klaus zu Nikolaus zu Nico. Kurz und bündig, so meint er. Denn wer, bitte schön, kann sich schon diesen Familiennamen merken, ihn schreiben oder gar aussprechen?

*Bis die Sonnenstrahlen beim kleinen Klaus unten ankamen, hatten sie ihre Wärme verloren...*

Man muss sich das vorstellen: meine Gotte (Patentante) war Schneiderin und so hat sie mir zu Weihnachten eine kleine, originalgetreue Uniform geschneidert ...

5 oder 6 Jahre alt

Der Vater ist Buchhalter in einem Bekleidungsamt. Vermutlich habe er, mit seinem Namen und mit seiner Herkunft, die Flucht nach vorne angetreten, meint Nico. Freiwillig tritt der Vater der NSDAP bei. Weil er schon früh in die Wehrmacht eingezogen wird, gibt es keine Überprüfung. Erst viel später, nach seinem Tod, redet man in der Familie über jene Jahre. Er sei halt ein Mitläufer gewesen, sagt Nico heute, wie so viele. Mit drei Buben zu Hause – hätte es auch einen andern Weg gegeben? Es muss ein Rettungsversuch gewesen sein, erklärt Nico.

Rauer Militärstoff. Nikotingeruch, Schweiss. Dies assoziiert Nico mit dem Vater seiner Kindheit. Ist der gerade auf Heimaturlaub, klammert er, der Dreikäsehoch, sich an seine Beine. Nie weiss man, ob es ein nächstes Mal geben würde. Ob der Vater oder ob man selbst bald tot sein würde. Der Vater hatte ein mieses Leben, sagt Nico heute. Und die Mutter nicht minder. Wenn er sich das heute vorstellt, wie sein Vater während des ganzen Krieges an irgendeiner Front war und die Mutter mit drei kleinen Buben im ausgebombten Hannover Tag für Tag, Nacht für Nacht diese Ungewissheit zu ertragen hatte – eigentlich unvorstellbar.

*Der Beginn seiner zeichnerischen Laufbahn*

Die Familie überlebt. Vor allem jene furchtbaren nächtlichen Bombardements, an die Nico sich selbst kaum erinnern kann. Oft erwacht er morgens im Bunker und weiss nicht, wie er aus der Wohnung heruntergebracht worden ist. Der jüngere Bruder ist ganz anders. Wenn die Bomber in London starten, steht er schon neben seinem Bett. Fertig angezogen, einen kleinen Rucksack in der Hand, bereit zur Flucht in den Keller. Zu Fuss und mit dem Leiterwagen flieht die Mutter mit ihren drei Söhnen schliesslich von Hannover nach Goslar. Nico meint, seine lebenslange, unerschütterlich pazifistische Einstellung auf diesem Treck entwickelt zu haben. Im Tiefflug jagen die alliierten Jäger über die triste Karawane ziviler und militärischer Flüchtender. Mutter und Söhne rennen dann jeweils los und suchen Deckung unter Bäumen links oder rechts der Strasse. Weg, nur weg von den MG-Salven. Mit ihrem eigenen Körper beschützt die Mutter ihre Buben. Das vergisst man nicht.

Kohle wird im Winter mit Gold aufgewogen. Im Sommer sinkt unerklärlicherweise der Preis. Also: in welchem Winter das war, weiss ich heute nicht mehr so genau, als wir Buben entdeckten, am Mittellandkanal wird Steinkohle von Eisenbahnwagons in Schiffe umgeladen. Was die Krane nicht mehr aus den Wagonecken packen konnten, haben wir mit kleinen Pickeln nachbearbeitet. Und ab damit – in Mutters Kochherd...

1948 kommt der Vater zurück aus Gefangenencamps in den Südstaaten der USA und in England. Nico und seine Brüder erhalten mit Doris noch eine kleine Schwester. Ein wirklicher Vater wird er nur ihr. Ein besonderer Mann bleibt er trotzdem auch für Nico. Nie vergisst er, wie die Mutter zu ihm kommt und ihn bittet, von seinem ersten Lehrlingslohn von 35 Mark dem Vater ein paar Schuhe zu kaufen. Gezeichnet von den Jahren der Gefangenschaft, muss dieser zur Kur. Und ohne anständige Schuhe könne er doch nicht dorthin, sagt die Mutter. Der Vater geht mit einem Paar nagelneuen braunen.

Jahre später, bei seinem ersten Besuch bei Nico in der Schweiz, stirbt der Vater am dritten Herzinfarkt. In Nicos damaliger Wohnung in Opfikon-Glattbrugg.

# Die Suche.
# Die Schweiz.
# Die Anfänge.

Es ist nicht einfach, Erinnerungen an die Kindheit zu mögen, wenn diese Jahre, die unbeschwert sein sollten, von Krieg und Not verschüttet sind. Ab und zu kommen die Bilder von damals von ganz allein. Zum Beispiel, wenn Nico eine Crevette isst.

Im Norden Deutschlands nahm man zu jener Zeit kein Popcorn und keine Chips mit ins Kino, sondern Nordseekrabben in Papiertüten, frisch geröstet am Strassenstand. Nico riecht noch heute den fischigen Geruch im Lichtspieltheater, wenn er davon erzählt. Jeder im Kino habe diese typische Drehbewegung gemacht, um das Fleisch der Krabben aus dem Panzer zu schälen. Vielleicht, sagt er, seien deshalb heute Meeresfrüchte seine Lieblingsspeise. Fleisch ist ihm nicht so wichtig.

Auch das Reden ist nicht Nicos Leidenschaft. Manchmal komme es ihm vor, als habe er erst mit 30 Jahren damit begonnen, sagt er heute trocken. Der kleine Nico ist einer, der beobachtet, nicht teilnimmt. Stundenlang kann er dasitzen und aus kleinen Augenschlitzen zusehen. «Bub, du hast keine Augen», sagt die Mutter dann, «du siehst zwischen zwei Hautfalten raus.» Oft zeichnet er dabei. Und je mehr er zeichnet, je besser er wird, desto mehr Freude bekommt er daran. Und desto mehr zeichnet er. Hier entwickelt sich jene autodidaktische Lust und Disziplin, die zur Grundlage seines Lebens werden wird.

Ein Studium liegt für die Eltern finanziell nicht drin. Nico macht in der Druckerei Osterwald eine Lehre als Tiefdruckfarbretoucheur. Parallel dazu geht er in die Gewerbekunstschule. Schnell bemerkt der Lehrer, dass Nicos Porträtzeichnungen immer am schnellsten fertig und den Modellen am ähnlichsten sind. Einmal steht er neben Nicos Pult, blickt auf die Zeichnung herab und flüstert: «Friederich, du karikierst. Mach weiter so.» (Der Lehrer kann sich keine Namen merken und nennt deshalb alle Friederich.) «Bis zur Kenntlichkeit verzerren», nennt der Philosoph Ernst Bloch diesen Vorgang bei der Porträtkarikatur.

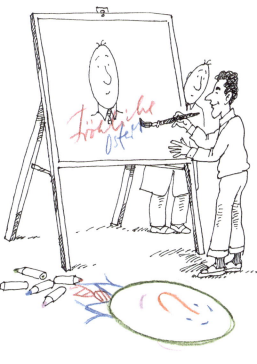

*Das so genannte akademische Zeichnen und Malen mit Bleistift, wie hier, mit Aquarellfarbe, Öl- oder Acrylfarben wurde liebevoll und zeitintensiv gefördert von Heinz Baumgarte, seinem Ausbilder.*

*Erst heute kann Nico erklären, dass er wahrscheinlich wegen dieses Buches den Beruf gewählt hat. Damals war ihm das überhaupt nicht bewusst gewesen.*

In einem Betrieb des Verlagshauses Gruner+Jahr tritt Nico seine erste Stelle an. Bald führt der 17-Jährige das erste Gespräch um eine Lohnerhöhung. Es geht um 40 Pfennig mehr pro Stunde, 4 DM statt 3.60 DM. Seinen Chef hat er schon vor Tagen darum gebeten, aber keine Antwort erhalten. «Ich bekam sie auf dem Pissoir», erinnert sich Nico amüsiert. «Schulter an Schulter und die Hände am Hosenschlitz, sprach ich ihn direkt darauf an. Der Boss sagte nur: ‹Okay›.»

Kurz darauf wird Deutschland als Verbündeter gegen den bösen Feind aus dem Osten entdeckt und wiederbewaffnet. Klaus Peter Robert Cadsky erhält die Einberufung zur neu gegründeten Bundeswehr. Eine Woche später ist er weg.

Ein Inserat in einer Fachzeitschrift verhilft ihm zur präventiven Fahnenflucht. In der nahen und doch genügend fernen Schweiz herrscht Personalnot. Die renommierte Luzerner Druckerei C. J. Bucher, mittlerweile längst dem grössten helvetischen Verlagshaus einverleibt, braucht Fachkräfte. Nico kommt und bleibt.

*Im Jahre 1957 hatte er die Nase voll von Stahlhelmen und dem neuen Militarismus in Deutschland. Der «Absprung» in die Schweiz war die logische Folge.*

Luzern gefällt Nico. Die Stadt hat Schönheit, Kultur und enorm viele Touristen. Er lernt – nach der norddeutschen Küche seiner Jugend – endlich die Esskultur der Italiener im Restaurant «Barbattis» kennen, einem sehr bekannten Lokal. Dort arbeitet die Luzernerin Helene. Nico, inzwischen 22 Jahre alt, hat das Leben als «möblierter Zimmerherr» gründlich satt. Er heiratet sie. Bald wird Claude, Nicos erster Sohn, geboren. Die Ehe wird jedoch schon nach wenigen Jahren wieder geschieden.

Nico ziehts nach Zürich. Am Tag verdient er sich als Retoucheur sein Brot, doch nachts die Butter darauf mit dem Entwerfen von Witzzeichnungen (engl. Cartoons) für den «Nebelspalter» und andere Blätter. Später übernimmt Nico den frei gewordenen Posten des Bildredaktors. Man schreibt das Jahr 1968. Widerstand gegen das Establishment ist angesagt, auch Kritik am Vietnamkrieg der Amerikaner. Das mag der greise Herausgeber des «Nebelspalters» aber gar nicht. Nach nur anderthalb Jahren trennt man sich wieder.

*Eines seiner ersten Titelblätter von Charles de Gaulle und Georges Pompidou, das Nico für den «Nebelspalter» schuf. Es ging wohl um irgendeine Zeitungsente.*

Nico gründet zusammen mit seinem Freund Bruno Kümin die Werbeagentur Hot 15 an der Hottingerstrasse 15. Nachbar ist das Studio Wolfbach des Schweizer Fernsehens. Nico telefoniert Hans O. Staub und schlägt ihm vor, in dessen wöchentlicher Sendung «Brennpunkt» eine aktuelle Karikatur aufzunehmen. Staub lädt ihn ins Studio ein und fragt mit seiner unvergesslichen rauchigen Stimme, ob er denn alles dabeihabe, Stifte und so. Nico hat. In einer Viertelstunde sei die Sendung, und das Thema sei dieses und jenes, freut sich Staub. Nico packt aus und beginnt. Immer wieder lugt die Livekamera ihm dabei über die Schulter, werden Schnitte seiner Fortschritte zwischengeblendet. Am Ende der Sendung, so das Konzept, kommt Staub zu Nicos Tisch. Die Regie zeigt die fertige Karikatur; ein paar Worte werden gewechselt. Ende. So geht das mehrere Jahre. Und dann wird aus dem «Brennpunkt» die «Rundschau», die es auch nach über 30 Jahren noch gibt.

Im Zürcher Niederdorf lernt Nico Toni Lienhard kennen, und sie beschliessen, bei einem Liter Wein (oder zwei?) im «Malatesta», Nico müsse unbedingt den Chefredaktor des «Tages-Anzeigers», Walter Stutzer, kennen lernen, für den Toni als Journalist arbeitet. Und Walter Stutzer geht das Wagnis der täglichen Karikatur in seinem Blatt ein – ein Novum für die Schweiz. Nico erhält einen Vertrag und ein Büro. Der «Tages-Anzeiger» erhält den unverwechselbarsten und vielleicht genialsten Karikaturisten der Schweiz. Ohne Nico wäre der «Tagi» nicht der «Tagi».

*Sein erster Chefredaktor Dr. Walter Stutzer*

Da Nico immer erst abends arbeiten kann, wenn die Zeitungstexte vorliegen, betreibt er weiterhin seine Werbe- und TV-Aktivitäten. Fürs Fernsehen entwirft er Bühnenbilder für Sendungen wie «Der Goldene Schuss» oder «Zürich grüsst Wien». Nur wenige Jahre später – während der Platzspitz-Ära – hätte das Fernsehen DRS wohl kaum eine Unterhaltungssendung «Der goldene Schuss» gemacht ...
In seiner Agentur arbeitet Nico noch jahrelang mit. Doch nach zehn Jahren mit einem 16-Stunden-Tag entscheidet er sich, nur noch für die Zeitung zu arbeiten.

# Die Frau.
# Die Familie.
# Die Ansichten.

*Nicos Lieblingsfoto aus jenen Tagen*

Die Arbeit fürs Fernsehen hat bald private Folgen. Im Studio trifft Nico Katrin Frey, als TV-Ansagerin die Nachfolgerin von Heidi Abel. Seine Erinnerung ist noch ganz deutlich: «Ich habe mich sofort in sie verliebt.» Er lädt die Schöne mit dem damals überall bekannten Gesicht zum Kaffee in die Cafeteria Baumberger im Seefeld ein. Er sieht sie an und sagt: «Fräulein Frey», damals sagte man noch Fräulein, «eines Tages werde ich Sie heiraten!» Sie habe doch aber einen Freund in München, antwortet Katrin Frey überrascht. Den stelle man einfach auf die Seite, sagt Nico in Machomanier. Dank Heimvorteil gelingt ihm das innerhalb weniger Wochen.

*Katrin und Nico nach der Ziviltrauung in Grüningen*

ihrer «Blick»-Zeitung auf und bemerkt, sie habe bereits alles über die Hochzeit auf der Titelseite gelesen. Geschrieben von jener schönen Blonden, die bald zu einer Ikone des Schweizer Unterhaltungsjournalismus aufsteigen wird: Suzanne Dätwyler, spätere Speich.

Übrigens: Der Münchner Freund ist bis heute eine guter Freund der Familie geblieben.

Als er Katrin gewollt habe, sei er sehr hartnäckig gewesen, sagt Nico heute mit einer Mischung aus Schalk, Überzeugung und Wehmut. «Ich schickte ihr Briefe, Blumen, Bücher, Schallplatten.» Am 24. Oktober 1969 wird sein Balzen belohnt. Mit grossem Brimborium geht die Hochzeit im solothurnischen Kriegstetten über die Bühne. Zur Hochzeitsnacht disloziert man ins Hotel Krone in Solothurn, wo schon Napoleon abgestiegen sein soll. Im Taxi lassen sie nicht nur den Ehaschein, den schönen neuen, zurück, sondern auch den Koffer mit Kleidern, Zahnbürsten und anderen Pflegeutensilien. So müssen die beiden am nächsten Morgen wieder in die Hochzeitskleider steigen. Als sie an der Rezeption vorbeischleichen wollen, sieht die junge Dame am Desk von

So, wie sich das damals gehörte, führt die Hochzeitsreise dorthin, wo die rote Sonne im Meer versinkt. Auf dem Weg nach Capri passieren die Honeymooners Neapel. Als ein Taxichauffeur versucht, sie übers Ohr zu hauen, weil er von den beiden Touristen auf dem Rücksitz eine enorm fremde Sprache hört, kanzelt Katrin ihn in schönstem Römerdialekt ab und droht mit den Carabinieri. Der Mann zuckt zusammen und gibt klein bei. Nico liebt diese Seite an Katrin; stark, extrem sprachbegabt und nicht minder – gewandt. Sie beherrscht nahezu jeden Schweizer Dialekt, wechselt vom Cambridge-Englisch ins breite Texanisch- oder Boston-Amerikanisch, parliert Pariser oder Provence-Französisch oder, wie schon erwähnt, unterhält sich in Italien im venezianischen oder umbrischen Idiom.

Weil Katrin so sprachgewandt und -begabt ist, traut Nico sich umso weniger, im Ausland seinen Mund aufzumachen. Er ist also nicht nur stumm aus Bewunderung über so viel Talent.

Mit Katrin Frey bekommt Nico das zurück, was er selbst in Deutschland zurücklassen musste: eine Familie, mit Tochter Natalie und Sohn Philip. Natalie, inzwischen 31 Jahre alt, lebt mit ihrem Mann, Nicolas, in Nyon und arbeitet in Genf. Philip lebt in Basel und wird im Technopark in Zürich zum Multimedia-Designer ausgebildet. Nico wird hin und wieder kritisiert, dass er seine Jungen verwöhne. Humorig vergleicht er seine Rolle mit dem Dasein der Gottesanbeterinnen-Männchen. Dass diese nach der Begattung von deren Weibchen

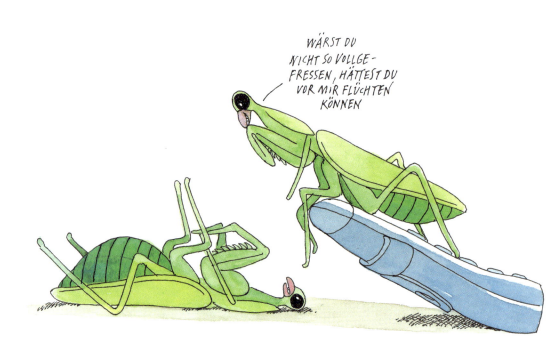

umgebracht werden, wisse man ja. Nico nennt auch das Motiv für die schändliche Meucheltat: Nach dem Mord werden die Eier in das tote Männchen abgelegt, damit sich die geschlüpften Jungen von ihm ernähren können. «Das ist meine Rolle: Wir Väter sind wie diese Gottesanbeterinnen-Männchen; nur wissen wir nicht, dass wir tot sind.»

Nico kann die Atmosphäre grossbürgerlichen Lebensstils nicht übersehen, als er das erste Mal in jenen freyschen Wohnsitz kommt, den er und Katrin später lange Jahre selbst bewohnen werden. Obwohl er selbst aus einfachen Verhältnissen stammt, stört ihn das nicht. Im Gegenteil, es gefällt ihm sehr. «Ein geschmackvolles Heim ist doch etwas sehr Schönes», stellt er fragend fest.

Nico hat längst nicht jene emotionale Beziehung zu dem, was er besitzt, wie zu dem, was er tut. Von nahezu allem Materiellen könne er sich recht problemlos lösen. Was ihm wichtig sei, seien «seine Menschen», die Familie, die Freunde. Eigentlich ganz normal. Und die Arbeit für den «Tages-Anzeiger»? «Solange Hand und Kopf in Ordnung sind, meine Zeichnungen noch treffen und ich keinem im Wege stehe, mache ich weiter. Weil es mir Spass macht. Tag für Tag.»

Und sollte ihn der «Tages-Anzeiger» eines Tages nicht mehr brauchen, könne er immer noch in Cannes – weil es dort das ganze Jahr über ein paar Grad wärmer ist – seine Werke aufs Trottoir stricheln und dazu seinen Hut aufstellen.

# Martin Distelis Nachbar

*von Peter Killer ***

Nur wenige wissen es: Der Weltbürger Nico ist auch Oltner. Selbst viele Oltner wissen es nicht. Wenn er in seiner ganzen Stattlichkeit durch Oltens Strassen geht, mag mancher Beobachter vermuten, da habe sich ein russischer Grossfürst aus dem Rahmen der Zeit und des Ortes herausbewegt, da habe einer, der die Fremde immer noch im Herzen trage, in der unadeligen und keineswegs untadeligen Eisenbahnerstadt Exil gefunden. Nico zeichnet provokativ, lebt aber diskret.

Wo Nico sein Steuerdomizil hat, wäre auch nicht weiter interessant, wenn da nicht das Faktum wäre, dass er keine 60 Meter von der grössten öffentlichen Martin-Disteli-Sammlung arbeitet, dass nirgends auf der Welt zwei so bedeutende Politkarikaturisten sich räumlich ähnlich nah kommen. Die Summe künstlerischer Kreativität, berechnet nach Salvador Dalís Punktetabelle oder ähnlichem Unsinn, geteilt durch die Distanz, gemessen in Metern, ergibt hier einen global einzigartigen Koeffizienten.

Über seine spätere Frau Katrin Frey begann Nico 1967 allmählich Oltner zu werden. Er lernte die Kunst Distelis kennen und lieben. Von den Schweizer Karikaturisten kannte er vorher nur den Genfer Rodolphe Toepfer. Im ersten Jahrzehnt meiner Arbeit am Kunstmuseum Olten, in das das alte Disteli-Museum integriert worden ist, kamen immer wieder Historiker und Kunsthistoriker aus der DDR ins Haus, die sich intensiv mit dem gegen 1000 Werke umfassenden Disteli-Bestand auseinander setzten. Ihnen war klar, was den Schweizern nie recht bewusst geworden ist: Martin Disteli ist neben Daumier der wichtigste politische Zeichner der ersten Hälfte des 19. Jahrhunderts.

Disteli war ein genialer Zeichner, aber hatte kein Interesse an der langwierigen Prozedur der Ölmalerei; auch Nico konnte sich mit dem Pinsel nie recht anfreunden.

Erst in den späten Achtzigerjahren, mit der Perfektionierung der Fax-Geräte, wurde der Schlafort Olten für Nico mehr und mehr auch zum Arbeits- und Wohnort. Mehr und mehr – aber eigentlich verwurzelt fühlt er sich weder in Zürich noch in Olten noch im Zweitdomizil Cannes. Er liebt die grossen und kleinen Städte, fühlt sich überall wohl, aber nicht eigentlich zu Hause.

Verwurzelt? Der Mensch sei doch kein Baum, der Mensch habe Füsse, die dazu geschaffen seien, dass er sich bewegen könne. Sesshaftigkeit war übrigens auch Distelis Ideal in keiner Weise. Ihm graute vor der bürgerlichen Mentalität der Biedermeierzeit. Das Leben, das er gelebt hat, exzessiv bis zur Neige, fand nicht im trauten Heim statt. Nach Indien wollte Disteli gegen Ende seines kurzen Lebens auswandern. Nico hat den Traum vom Leben an der Wärme zu einem guten Teil verwirklicht.

Martin Disteli (1802–1844) ist der bedeutendste Oltner Künstler des 19. Jahrhunderts. Nico hat Hals über Kopf Deutschland verlassen, als er, 18-jährig, nach der Musterung in Nürnberg trotz eines Rückenleidens für hundertprozentig diensttauglich erklärt wurde. Bis er – nun Bürger von Opfikon – mit 31 Jahren den Schweizer Pass erhielt, reiste er vorsichtigerweise nicht mehr in die Bundesrepublik. 132 Jahre vor Nico machte sich Martin Disteli aus Deutschland davon, genauer aus Jena, wo er studiert hatte. Er entzog sich einer harten Strafe, die ihm wegen einer Schmähung des Staatsministers des Grossherzogtums Weimar, Johann Wolfgang von Goethe, drohte. Nico fuhr nach Luzern, Disteli wanderte zurück in seine Heimatstadt Olten. Beide entschlossen sich nach dieser Lebenszäsur, das zu tun, was sie am besten konnten: zeichnen. – Pazifist und vaterlandslos ist Nico geblieben; der glühende Patriot Disteli hat es nach dem liberalen Umschwung im Jahr 1830 zum Bataillonsführer gebracht, was die höchste militärische Charge war. Der Fahnenflüchtige und der General: da gibt es mentale Differenzen. (Der herzliche nachbarschaftliche Dialog käme auch bei einem andern Thema zum Verstummen: Nico kann Distelis Hippomanie nicht teilen; nur einmal und nur kurz sass er auf einem Pferderücken.)

Café Disteli in Olten

Linksliberale, Sozialliberale aus bürgerlichem Haus sind sie. Stets stehen sie auf der Seite der Verlierer, der Schwächeren. Martin Disteli wie Klaus Cadsky. Sie wuchsen in sicheren Verhältnissen auf und mussten erleben, dass die eigenen «vier Wände» rasch zu fremden werden können. Disteli hatte mit seiner jungen Frau nach dem Konkurs des einst reichen Vaters in eine einfache Holzhütte mit Strohdach umzuziehen; und der kleine Klaus erlebte es, dass die elterliche Wohnung von englischen Offizieren requiriert und der Familie der ungeheizte Estrich zugewiesen wurde.

Martin Disteli war ein Radikaler, ein Freisinniger, ein Klassenkämpfer,

Militärszene, Radierung
*Militär: Die Bauern werden in die aristokratische Armee gepresst und als Kanonenfutter gebraucht.*

gehörte also in seiner Zeit dem äussersten Flügel der fortschrittlich Denkenden an. Nico hingegen lässt sich nicht ins Parteiengefüge einordnen. Er ist zu sehr Homo politicus, also ein Mensch, der sich der Definition gemäss für die Gestaltung des öffentlichen Lebens einsetzt, als dass er in selbstgefälligen Machtspielen parteiisch oder gar Akteur sein möchte. Nico bringt das Unwahrscheinliche zu Stande, so gelassen wie engagiert zu sein. Martin Distelis Hauptwerk war der so genannte Disteli-Kalender. Mit diesem Volkskalender, den er 1839 bis zu seinem Tod herausgegeben hat, wollte er das politische Bewusstsein der Zeitgenossen sensibilisieren. Stattliche 26 000 Exemplare zählte die höchste Auflage. Der «Tages-Anzeiger» erscheint täglich 300 000fach. Dass Massenmedium erweist sich für beide als die ihrem inneren Auftrag adäquateste Plattform.

Die konservativen Kreise liessen sich Distelis Attacken nicht gefallen. Der Disteli-Kalender wurde in der katholisch-konservativen Innerschweiz verboten, konfisziert und öffentlich verbrannt. Nicos Sprache ist bissiger, direkter als jene Distelis. Die Reaktionen fallen jedoch moderater aus. Das Verhältnis zur Satire

hat sich innerhalb von knapp zwei Jahrhunderten entspannt. Die zweitgrösste Schweizer Tageszeitung hält seit 35 Jahren zu ihrem unbequemen Seite-1-Zeichner. Ist man toleranter geworden? Oder einfach indifferenter? Mindestens militante Katholiken reagieren aber auch heute noch heftig auf Nicos Karikaturen, die mehrmals Gerichtssache geworden sind. Er reizt den grosszügigen Freiraum aus. Die Briefe verärgerter Leser und ähnliche Reaktionen versteht er als Lob, als Bestätigung.

Dem Mimen und dem Karikaturisten flicht die Nachwelt keine Kränze. Wer weiss, vielleicht tut wenigstens das Biografische Lexikon der historischen und zeitgenössischen Schweizer Kunst Nico die verdiente Ehre an. Disteli ist aufgeführt. Nico fehlt vorläufig noch.

Berliner Karikaturen, 1823
*Auf seiner Heimreise macht Disteli einen Abstecher nach Berlin. Hier entsteht die Zeichnung zu seiner ersten veröffentlichten Lithografie.*

\* *Peter Killer ist Kunsthistoriker und lebt in Olten.*

# Antwort-Skizzen

*Ein Gespräch zwischen Nico und Frank Lübke*

35 Jahre arbeitet Nico für den «Tages-Anzeiger». In moderner Management-Terminologie nennt man eine Beziehung, wie sie diese Partner pflegen, eine Win-Win-Situation. Die Zeitung erhält durch den Zeichner ein grosses Stück Unverwechselbarkeit. Nico hat mit dem «Tages-Anzeiger» seine eigene tägliche Bühne, wurde zur festen Grösse in Zürich. Bezahlt gemacht hat sich das für beide.

Man kann sich vorstellen, dass es schwierig ist, Tag für Tag originelle, bissige, witzige, kluge, treffende und handwerklich perfekt produzierte Karikaturen aus dem Ärmel zu schütteln.

Vielleicht erklären Nicos Worte, wie er schafft, was er schafft. Auf alle Fälle verrät er ein paar Geheimnisse. Nicht nur zeichnerische.

**Nico, hast du nie genug? 35 Jahre «Tagi», Bücher, Schulterklopfen. Ärger. Redaktionsschluss. Alles gehabt, alles gemacht, alles bekommen. Wieso legst du den Stift nicht aus der Hand?**
Das frage ich mich manchmal auch. Nur weil es Spass macht und kein Müssen ist? Weil es Freude ist und keine Arbeit? Weil ich nichts anderes kann? Bin ich bereits einer dieser alten Sesselkleber? Der Schweizer Kohl(kopf)? Igitt! Frag nicht: Wieso? Wieso? Ich sage nichts mehr ohne meinen Anwalt.

**Woher nimmst du diese Sicherheit, das weisse Blatt Papier immer füllen zu können, sinnvoll füllen zu können?**
Dafür gibt es, glaube ich, zwei Quellen: Zum einen habe ich das Urvertrauen des Autodidakten. Alles, oder fast alles, was ich kann, habe ich mir selber beigebracht. Anders als der Fremdgeschulte muss sich der Autodidakt immer alles selber zusammensuchen und beibringen. Er hat gelernt, nur sich selbst zu vertrauen. Das macht ihn selbstständig. Und etwas überheblich, wie ich soeben merke.
Zum andern habe ich die Erfahrung, dass es mir einfach immer gelingt, etwas aufs Papier zu bringen, ob gut oder mittelmässig. Ein guter Bergsteiger weiss, was er kann, welche Wände er schafft und welche nicht. Das gibt die Sicherheit, sich nicht selbst zu überschätzen und zu überfordern.

**Vertraust du dabei nur auf dich selber?**
Ich bin nicht das, was man einen Mannschaftsspieler nennt. Mit anderen auf die Suche nach guten Einfällen zu gehen, dieses kreative Pingpongspiel, erlaube ich mir höchstens, wenn ich nicht unter Druck stehe. Wenn ich diesen aber im Genick spüre, verlasse ich mich einzig und allein auf mich. Selbst mit meiner Frau geht es dann nicht. Vielleicht weil auch sie andere Auffassungen, andere Assoziationen, einen anderen Zugang hat. Die Quote, wirklich den Kern zu treffen, sinkt.

**Was macht diesen Nico aus, so unverwechselbar und fast unverzichtbar?**
Unverzichtbar? Unersetzbar dagegen schon. In dem Sinne, dass eine Lücke nicht mit Identischem gefüllt werden kann. Etwas Neues muss an die Stelle des Alten treten. Das wird es ja auch in meinem Fall. Irgendwann.

Unverwechselbar geworden wohl einzig durch die jahrzehntelange Verbindung mit dem «Tages-Anzeiger». So intensiv gab es dies vorher nie. Und durch das schnelle Reagieren auf News mit entsprechenden Karikaturen waren wir immer die Ersten an der «satirischen Front». Der kritische Reflex ist bei mir halt sehr stark ausgeprägt. Ich denke oft, was ich sehe, müssten eigentlich doch viele sehen, die auch politisch interessiert sind. Dieser enorme Widerspruch manchmal zwischen Worten und Taten der so genannt Mächtigen. Und da habe ich das grosse Glück, es zeichnerisch umsetzen zu können.

**Gibt es eine andere Perspektive für einen Karikaturisten als jene des Frosches, des Underdogs?**
Natürlich. Politische Karikaturisten blicken aus allen nur erdenklichen Blickwinkeln auf die Welt. Einer, der lange für «Die Welt» gezeichnet hat, hatte sich etwa der Sichtweise des Kapitals, der Wirtschaft, des Konservativismus verschrieben. Die Karikatur kann für jede Art von Sicht und Ansicht gebraucht und missbraucht werden. Ich missbrauche meine Mitarbeit für eine sozialere Welt.

**Was interessiert Nico Cadsky nach 65 Jahren auf dieser Welt?**
Der Mensch. Wie er funktioniert. Oder vielmehr, wie er nicht funktioniert. Es ist immer der Mensch. Mich interessiert, was in der Welt und mit Zürich passiert. Wenn ich durch diese Stadt gehe, frage ich mich oft, weshalb es hier so furchtbar lange dauert, bis sich etwas zum Besseren verändert. Ich erinnere an den Platzspitz. Es brauchte etwa 30 Jahre, bis man begann, die Drogenpolitik zu ändern. Trotz aller Auswüchse und ganz offensichtlich misslungenen Strategien. Und ich gebe auch gleich die Antwort: weil sämtliche politischen sowie wirtschaftlichen Entscheidungsträger Nutzniesser waren und sind.

**Überrascht dich noch etwas?**
Beim Menschen? Nein! Er hat jede Scheusslichkeit begangen. Die Christenverfolgung, den Holocaust, sonstige Genozide. Der Mensch ist ein Ungeheuer. Kein Tier ist so schlimm wie er. Der Mensch ist der Inbegriff einer missratenen Schöpfung. Deshalb sind

monotheistische Religionen keine Lösung und schon gar keine Erlösung für diese Welt. Denn diese gehen alle davon aus, dass der Mensch gut sei. Mit dem kann, darf man aber nicht rechnen. Und doch gibt es einzelne wunderbare Exemplare.

**Weshalb bist du beim «Tagi» hängen geblieben? Hätte es dich als Deutschen nicht gereizt, im Land der Dichter und Denker Karriere zu machen? Beim «Stern», bei der «Zeit»?**
Ich bin doch längst mit Haut und Haaren, beziehungsweise ohne Haare Schweizer. Ich habe auch, obwohl ich in Hannover aufgewachsen bin, keinerlei Wurzeln mehr dort. Trotzdem hatte ich als junger Zeichner «Die Zeit» als fernes Ziel im Kopf. Vor allem auch, weil mein Vorbild Paul Flora da zeichnete. Am Anfang steht immer der Ehrgeiz. Später merkt man, dass das vermeintlich Wenigere meist mehr ist.
Deshalb bin ich beim «Tagi» nicht hängen geblieben, sondern habe mich ganz bewusst dazu entschieden. Hier darf ich alles tun, was nicht gegen die Menschenrechte verstösst.

**Hattest du von Beginn an diesen grossen Handlungsspielraum beim «Tagi»?**
Walter Stutzer, mein erster Chefredaktor, rief mich einmal in sein Büro, um mit mir eine solche geschmackliche Grenzsituation zu besprechen. Ich warf ein, es habe noch nie Reklamationen wegen einer meiner Zeichnungen gegeben. Er sah mich an, rief dann seiner Sekretärin: «Eva, bring einmal die Akte Nico!» Eva brachte drei mit Briefen gefüllte Ordner. «Siehst du», sagte Stutzer, «das alles sind Reklamationen

wegen deiner Karikaturen. Ich habe sie beantwortet, weil dein Kopf frei bleiben muss.» Er, ein Luzerner Katholik, hat mir selbst bei angriffigen Papstzeichnungen freie Hand gelassen.

### War das immer so?
Direkten Druck fühlte ich nie. Allerdings weiss ich aus Prozessakten, wie hauptsächlich von katholischer Seite immer wieder geklagt wurde. Einmal ging es um die ähnlichen Einstellungen von Islam und Katholizismus zum Thema Geburtenkontrolle. Eine Zeichnung zeigte Karol Wojtila, also Papst Johannes Paul II., wie er einem islamischen Geistlichen in Betposition in den Hintern kriecht. In der Verteidigungsschrift hielten wir fest, dass sich der Herr Wojtila, der als Einziger hätte betroffen sein können, nicht geklagt hätte. Auf alle Fälle verlief die Sache im Sand.
Zur gleichen Karikatur erhielt ich auch einen Brief einer Ordensschwester aus Ingenbohl. Sie beklagte sich im Namen von 50 000 000 Christen. Ich antwortete ihr, sie habe da wohl eine Null und einige Unterschriften vergessen.

### Hattest du nie Lust, auch anderes zu machen?
Früher schon, weil kreative Arbeit, in welcher Branche auch immer, sehr viel Spass macht. Doch mein Tag hat auch nur 26 Stunden.
Da gibt es übrigens etwas, was man immer wieder vergisst. Wer, wie ich, als politischer Karikaturist arbeitet, hat einen Abendjob. Denn Zeichnen kann ich meist erst, wenn die Redaktion im Besitz aller News ist. Ein geregeltes Sozialleben ist somit nur schwer möglich. Oder aber erst ab 22 Uhr. Meine Frau und meine Kinder haben während all dieser Jahre immer Verständnis gezeigt, was auch nicht ganz selbstverständlich ist. Dafür habe ich mich in den Ferien erkenntlich gezeigt: übel gelaunt und hundemüde.

### Wo liegt bei der Karikatur die Grenze des Erlaubten?
Sagen wir es so: Die Grenze verschiebt sich mit der «Schwere des Delikts». Wenn zum Beispiel eine Politikerin aus Eigennutz schamlos lobbyiert und damit einer grossen Allgemeinheit schadet, zeichne ich sicher nicht so bitterböse, wie wenn diese Person 10 Millionen Franken aus der Pensionskasse ihrer Firma schnappt und sie verjubelt.

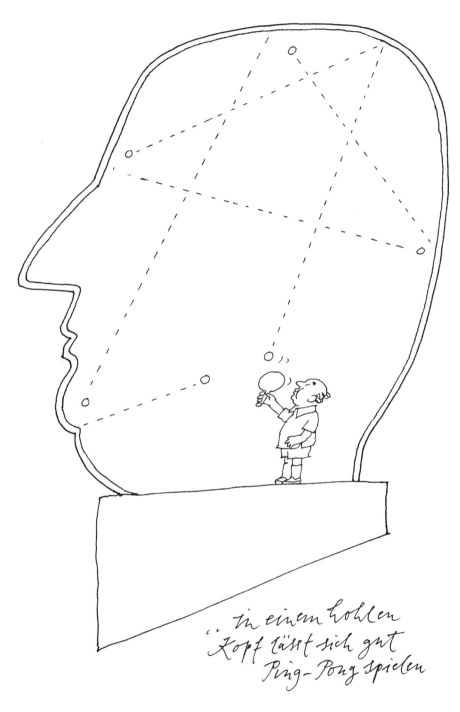

… in einem hohlen Kopf lässt sich gut Ping-Pong spielen

Ich will ausgesprochen verletzen, wenn ein Staatsmann wie Chirac gegen das Gesetz verstösst. Er hatte nur insofern Glück, dass die neuerliche Wahl ihn vor Strafverfolgung geschützt und seine Immunität deshalb nicht aufgehoben wurde. Da ist zeichnerisch doch wohl alles erlaubt.

### Es gibt nichts, das Karikatur nicht darf?
Warum sollte sich ein Karikaturist zum Beispiel über einen körperlichen oder geistigen Defekt eines Mitmenschen zeichnerisch hermachen?

### Nochmals: Ist alles erlaubt bis zum Punkt, wo du glaubst, persönlich beleidigend zu werden, erniedrigend – oder bis dorthin, wo Betroffene sich persönlich angegriffen fühlen?
Ich kann nur meine eigene Einschätzung zum Massstab nehmen. Warum sollte ich beispielsweise einen Wirtschaftsführer, der durch sein verantwortungsloses Management die Arbeitsstellen von 5000, 20 000 Menschen auf dem Gewissen hat, nicht persönlich angreifen?

### Konkret: Wie weit darf man Vorurteile in Karikaturen übernehmen, überzeichnen? Schwarze mit schwulstigen Lippen, Juden mit übergrossen Nasen, Jugoslawen im Trainer?
Karikaturisten arbeiten vielfach mit Stereotypen, ich auch. Die funktionieren als verständliche Vokabeln. Karikatur zeichnet und überzeichnet Menschen, keine Vorurteile über ethnische oder sonstige Gruppen. Wenn jemand eine grosse Nase hat, so zeichne ich eine solche. Charles de Gaulle hatte eine grosse Nase. Auf der anderen Seite zeichne ich einen orthodoxen Juden natürlich mit all seinen äusserlich erkennbaren Merkmalen: breitem Hut, Zapfenlocken, Kaftan. Aber sicher nicht mit einer grossen Nase. So, wie auch der Papst von mir seine typische Kopfbedeckung verpasst bekommt.
Ich gebe aber zu, dass eine Überzeichnung an sich immer ein Zerrbild ist und den oder die Betroffene lächerlich machen kann. Das ist ein Spannungsfeld, in dem sich jeder Karikaturist verantwortungsbewusst bewegen muss.

### Was ist gute Karikatur?
Die gelungene Karikatur ist in der Sache analytisch treffend, entblösst den Kern (oder die Person) bis zur Lächerlichkeit, und wenn die Zeichnung dazu noch Witz hat, ist sie gut.

### Was ist Humor?
Humor «an sich», das Lachen über sich selbst, ist wohl eine Herzensangelegenheit – weniger eine des Geistes. Ich weiss nur, dass es verschiedenartigen Humor gibt. Etwa jenen zwischen Baslern und Bernern. Wenn auf der anderen Strassenseite ein Unbekannter auf einer Bananenschale ausrutscht, so lacht der Basler hell auf. Der Berner dagegen lächelt im besten Fall. Rutscht der Basler kurz darauf selber aus, flucht er. Der Berner, dem dasselbe passiert, lacht aus vollem Hals. Aber dieses Beispiel ist bei näherer Betrachtung wohl auch nicht haltbar.

### Fällt es dir schwer, diesen Humor zu produzieren? Täglich?
Humoristische Zeichnungen sind schon alle gestrichelt. Es ist bereits alles erfunden. Das muss ich zum Glück nicht. Der politische, oder sagen wir der kritische Karikaturist, der arbeitet nicht wie ein normaler Witzzeichner im luftleeren Raum. Er muss nicht wie dieser warten, bis ihm etwas einfällt. Der Karikaturist, wie ich einer bin, wird jeden Tag mit News gefüttert. Er kann sich immer an die Realität anhängen, muss das Umfeld nicht auch mit erfinden. Er arbeitet auf einer soliden Basis von Mord und Totschlag in Politik und Wirtschaft.
Ich glaube, müsste ich davon leben, Humor aus dem Nichts heraus zu erfinden, hätte ich mir längst die Kugel gegeben. Oder ich hätte umgesattelt auf Gärtner. Besser gesagt: umgetopft.

### Kannst du jeden Menschen auf Anhieb karikieren?
Wenn jemand neu auftaucht auf der politischen Bühne, zeichne ich ihn oder sie für mich mehrmals. Mit der Zeit wird die Person, auch in der Zeitung, immer verzerrter und damit erkennbarer. Ich vereinfache. Die Lesenden machen diesen Prozess mit und verändern ihre Sichtweise.

**Wie wichtig ist das Wort zur Karikatur?**
Manch ein Karikaturist würde jetzt antworten, dass jene Karikatur die beste ist, die ganz ohne Worte auskommt. Es ist dies unter anderem die Schule des Amerikaners Paul Steinberg, des Papstes der modernen Karikaturisten. Der Witz ohne Worte als Ideal der Zeichnerkunst. Ich dagegen halte das Wort für ebenso wichtig wie die Zeichnung selbst. Ein treffender Satz kann eine politische oder gesellschaftskritische Karikatur exponentiell aufwerten. Zeichnung und Wort bilden eine untrennbare Einheit. Sogar eine Überhöhung des Witzes ist möglich.

**Kam es vor, dass der «Tagi» Karikaturen von dir ablehnte?**
Ich habe das irgendwann einmal überschlagen. Von den Zehntausenden von Karikaturen wurden vielleicht 20 nicht gedruckt, weil man meinte, sie seien zu explizit, zu hart. Und zirka 30, weil sie unverständlich waren. Meine Kolleginnen und Kollegen verstanden sie nicht. Und lehnten sie ab. Was richtig war. Mir waren wohl zwei oder drei Ideen durcheinander geraten, und der Mix war unverdaulich.

**Was bewirkt Karikatur? Was bewirkt Nico?**
Im besten Fall sollte die Karikatur eine Veränderung der gesellschaftlichen Situation bewirken. Ich habe nicht die Illusion, dass sie das auch wirklich tut. Doch nur schon die Tatsache, dass ich kritisch etwas ausdrücke, was bei der Leserin oder dem Leser eine neue Betrachtungsweise auslöst, reicht schon. Karikatur ist Kleinarbeit – und Kleinkunst. Es ist die Kunst der kleinen Schritte. Man kann sie vergleichen mit politischem Kabarett, etwa eines Dieter Hildebrandt. So sehe ich meine Arbeit.

Es gibt Menschen, die tun, was andere auch können. Nur ganz anders. Wenn es darum geht, Genie zu erklären, versagt die Sprache. Wie soll man beschreiben, was unbeschreiblich ist? Wie soll man erklären, was unerklärlich ist? Man muss gesehen haben, geschmeckt, gehört. Wie Zinedine Zidane mit dem Ball tanzt. Was Bocuse aus einem Spargel zaubert. Warum 30 000 Menschen vibrieren, wenn Bono mit seiner Band U2 Musik zelebriert.

Und man muss gesehen haben, wie Nico erschafft, was nur er erschaffen kann. Wie aus einem Text, einer Nachricht Gedanken entstehen, Geistesblitze erst wild zucken, sich irgendwann zu ordnen beginnen und letztlich die Hand führen. Die Geburt einer Karikatur als Verschmelzung von Wissen, Handwerk und Eingebung. Das kann man nicht lernen.

Welchen Sinn hat dann aber ein Workshop mit Nico? Die Frage ist überflüssig. Man könnte auch fragen: Welchen Sinn hat es, Zidane zu bewundern oder Konzerte zu besuchen? Jeder spielt Fussball. Jeder kocht. Jeder singt. Vielleicht inspirieren «Zizou», Bocuse oder Bono dazu, es das nächste Mal besser zu machen. Oder nur ein bisschen anders.

Samstagmorgen im Zürcher Schiffbau. Im zweiten Stock der Werkstätte des Schauspielhauses werden normalerweise grossflächige Kulissenbilder gemalt; mit Schrubber-grossen Pinseln auf am Boden ausgebreiteten Leinwänden. Hinter der Galerie hängen die fertigen Bilder und warten auf ihren theatralischen Einsatz. Dahinter liegen die Werkstätten, wo auch am Wochenende gehämmert und geklebt, gefräst und gehobelt wird.

Die grosse Fensterfront gibt in Richtung Norden den Blick frei auf den Technopark und taucht den Raum in helles Licht. Tische stehen bereit, darauf Zeichenblöcke, Schreib- und Malutensilien. Während zweier Tage wird Nico vormachen, was alle an ihm bewundern. Und jeder wird daraus machen, was er will. Nein. Was er kann.

# Der Workshop

Der Paartherapeut. Die Publizistengattin. Die Zeichnerin. Die Journalistin. Der Architekt. Der Verleger. Die Kunststudentin. Die Reisebüroinhaberin. Der Sekundarschüler. Der Knopffabrikant. Die Hausfrau. Alle sind sie gekommen mit einer eigenen Motivation. Weil man sein eigenes Buch illustrieren will. Weil man ganz einfach das Zeichnen liebt. Weil man Nico kennt. Weil man Nico kennen lernen will. Weil man wissen will, wie der Konkurrent arbeitet. Weil der Vater einen mitgeschleppt hat. Fasziniert sein werden sie alle innert kürzester Zeit.
Die Umgebung inspiriert. Nico erklärt, macht vor, verblüfft, korrigiert, scherzt, mahnt, zeigt, zeichnet, verdreht die Augen, porträtiert, kontrolliert, lobt, tadelt, verteilt Aufgaben, diskutiert, inspiriert, ermutigt, entmutigt.
Dazwischen führt Peter Fischer, pensionierter technischer Direktor des Schauspielhauses, dank dessen Hilfe der Workshop an diesem speziellen Ort stattfinden kann, durch sein ehemaliges Reich. Und kocht später, eine Etage unter der temporären Zeichnungsschule, Spaghetti Pomodoro.

Am Ende werden alle ein paar unvergessliche Stunden mit einem ganz speziellen Karikaturisten in Erinnerung behalten. Sie haben ein Stück Genialität erlebt, gesehen, gehört, geschmeckt. Aber um dieses an andere weiterzugeben, dazu wird auch ihre Sprache nicht ausreichen.
Es braucht wieder einen Workshop.

Der Anfang.

Ein Wort.
Eine Bedeutung.
Der Gedanke.
Die Umsetzung.

Es scheint so einfach: Nico nimmt das Wort und sieht es anders an. Als das, was es beschreibt.

Das ist an sich schon lustig. Lustig ist, was überrascht.

In Sekunden suchen alle nach Möglichkeiten, Schrift zu zeichnen.

# Wort-Spiele.

Schrift ist die Abstraktion von Sprache.
Sprache ist die Abstraktion von Realität.
Nico kehrt dies um.
Abstraktion konkretisiert sich zur
gezeichneten Realität.
Aus Buchstaben werden Bilder.

Sprache wird überflüssig.
Das ist ungewohnt. Und deshalb lustig?

Der Workshop lebt.
Es denkt.
Gelungenes, Missratenes, Harmloses, Makabres,
Geniales und Banales entsteht.

Es folgt die Kritik. Gegenseitiges Lob der Teilnehmer. Man ist ein bisschen stolz aufs Eigene. Und findet das der anderen trotzdem besser.
Wenigstens rhetorisch.

Ambivalentes kommt von Nico. Findet er es wirklich so toll? Findet er es wirklich so schlecht? Man witzelt und lacht. Böse ist ihm keiner.

Einig ist man sich in einem Punkt: Seine eigenen Beispiele, die er leichthändig hingepinselt hat, während alle anderen konzentriert arbeiteten, sind sogleich zu verstehen.

FANGEN

11. SEPTEMBER

ÜBEL-KEIT

LIEBEN

RELAX

# Die Karikatur.

Die Schwierigkeit, den Kopf so aufs Papier zu bringen, dass man ihn wiedererkennt.
Zuerst wird ohne die geringste Anleitung skizziert.

Die Atmosphäre ist locker.
Spicken ist erlaubt.
Man sieht sich gegenseitig über die Schulter.
Vielleicht versetzt ja dies die Muse in Kusslaune.

Jeder Kopf ist ein Charakterkopf. Entscheidend ist, das Charakteristische zu erkennen.

Porträts entstehen. Sind es auch Karikaturen?

Der nächste Kopf.
Die nächsten Eigenheiten.
Die nächste
Herausforderung.

*Das Modell Ernst weiss noch nicht, dass er den Kopf hinhalten muss.*

*Von Aljoscha oder von Lisa gezeichnet, ist das Modell im Wesen erfasst, aber noch zu wenig mutig überzeichnet. Gesichtsfalten, die ein bisschen Aufschluss über das gelebte Alter geben würden, fehlen ganz.*

Karikierende Interpretationen verschiedener Teilnehmer von ein und derselben Person. Wenige Striche können Jahrzehnte im Alter ausmachen.

Die Workshopteilnehmerin Magi erklärt anekdotisch, wie wichtig für einen Künstler die Permanenz seines Wirkens ist.

Der grosse Arthur Rubinstein sagte einst:
«Wenn ich einen Tag nicht Klavier gespielt habe, merke ich das sofort.
Wenn ich zwei Tage nicht in die Tasten gegriffen habe, merkt es meine Frau.
Ab dem dritten Tag merkt es selbst das Publikum.»

Kunst kommt eben doch von Können.

*Hier ist Ernst etwa 40 Jahre alt. Zu jung, die Nase zu wenig markant, das Kinn – Doppelkinn – zu weit vorn, also zu wenig verzerrt.*

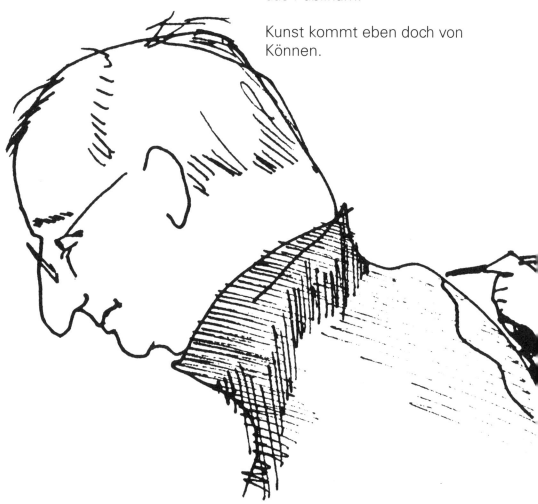

*Bei diesem Versuch ist Ernst so um die 50, stiernackig und somit auch nicht vom Typ her erfasst.*

Mit Nicos Augen gesehen, wird das Modell wenig schmeichelhaft dargestellt. Ob die Karikatur trifft, muss der Betrachterin und dem Leser überlassen werden.

Irgendetwas stimmt nicht.
Aber was?
Immer wieder nimmt Nico eine der ganz leicht unpräzisen Karikaturen zur Hand.

Mit schlafwandlerischer Sicherheit radiert Nico ein bisschen und korrigiert mit wenigen Strichen. In wenigen Sekunden stimmt das Bild. Alle staunen. Jedes Mal aufs Neue. Und beginnen zu zweifeln, ob dieses Auge überhaupt lernbar ist.

«Alles Übung», sagt Nico.
Keiner glaubt ihm.

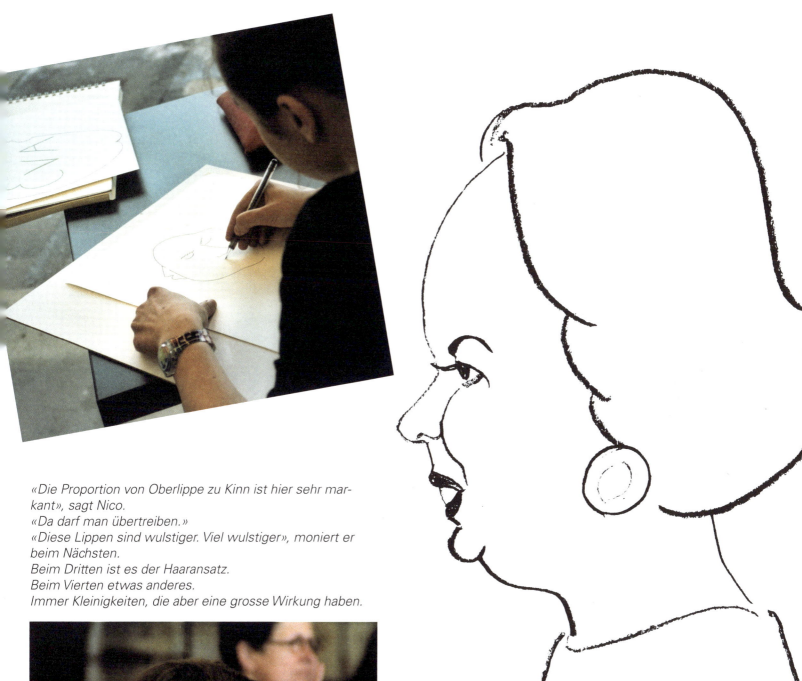

«Die Proportion von Oberlippe zu Kinn ist hier sehr markant», sagt Nico.
«Da darf man übertreiben.»
«Diese Lippen sind wulstiger. Viel wulstiger», moniert er beim Nächsten.
Beim Dritten ist es der Haaransatz.
Beim Vierten etwas anderes.
Immer Kleinigkeiten, die aber eine grosse Wirkung haben.

Benjamin wird zum Pièce de Résistance für die anderen Workshopteilnehmer.

«Kinder und Jugendliche sind am schwierigsten zu zeichnen», warnt Nico.
«Ihre Gesichter sind unfertig. Das Spezielle, Unverwechselbare ist erst in Ansätzen vorhanden.»

Der Beweis: Keiner bekommt Benjamin wirklich unverkennbar aufs Papier.
Ausser Nico – siehe Seite 91.

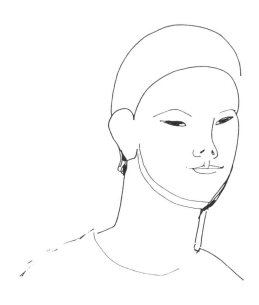

*Die grosse Schwierigkeit zeigt sich in diesen Zeichnungen: Ein Zwölfjähriger gerät meistens zu alt.*

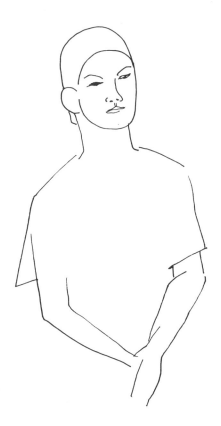

«Spielt dein Vater Golf?»
Benjamin versteht Nicos Frage
nicht ganz. «Nein.»

Dann greift Nico zum Bleistift. Ein
paar Schwünge, dann ist Benjamin
auf dem Papier.
Das kurz geschorene Haar wurde
zum Green, auf welchem ein
Männlein gerade puttet.

«Siehst du», sagt Nico,
«dein Vater spielt doch Golf.»

Nico und seine Ideen!

Die Teilnehmer entwickeln sich und ihre Bilder.
Langsam werden aus versuchten Porträts wirkliche Karikaturen.

Der Meister und der Architekt.
«Weisst du, Nico, Häuser zeichnen
und bauen ist viel, viel einfacher.»

«Das könnte ich nicht»,
sagt Nico.

*Kopfarbeit. Menschen im Hotel*

*Eine Auswahl von Nico karikierter Personen.*

# Daily Business.

Die Aufgabe: Eine Karikatur zu einem Text entwickeln, entwerfen, entstehen lassen.

Das Ziel: In Gruppenarbeit der Denk- und Arbeitsweise Nicos näher kommen.

# AUSLAND

*-Anzeiger · Samstag, 11. Mai 2002*

# Missionare behindern Kindergipf

Uno-Weltkindergipfel
suchen die USA, der
lt ihre Sicht von
ndererziehung und
burtenkontrolle
fzuzwingen.

**Walter Niederberger,
w York**

gonnen hatte es schon am Anti-Rassis-
s-Gipfel von letztem Jahr in Durban.
mals blockierten die USA eine koordi-
rte Weiterentwicklung des Völker-
chts, indem sie ihre Delegation zurück-
efen. In der Zwischenzeit hat die Regie-
ng Bush mit dem Ausstieg aus dem
yoto-Klimaprotokoll und der Nichtaner-
ennung des Ständigen Strafgerichtshofs
Den Haag bewiesen, dass ihr internatio-
ale Solidarität wenig bedeutet. Diese Wo-
he hat die Regierung am Uno-Kindergip-
el in New York noch eines draufgegeben.

Im neuen Aktionsplan der Uno zu
Gunsten der Kinder (vgl. Kasten) hat die
Bekämpfung von Aids einen hohen Stel-
enwert, weil vor allem afrikanische Staa-
en, zunehmend auch asiatische und ost-
europäische Länder, derart unter der ho-
en Ansteckungsrate leiden, dass jahrzehntelange Aufbauarbeit droht zerstört
zu werden. Geburtenkontrolle und Ge-
sundheitserziehung sind deshalb Teil des
Uno-Aktionsplans, auch wenn nicht im
Detail festgehalten wird, in welcher Form
die einzelnen Länder vorgehen sollen. Abtreibung wird nicht proklamiert, sondern
nur als akzeptabel dargestellt, dort wo sie
die Länder anerkennen.

**In bemerkenswerter Gesellschaft**

Doch bereits dies geht den USA zu weit.
Die US-Delegation versuchte in der Nacht
zum Freitag an allen Fronten, die erzkon-
servative Sicht jener religiösen Funda-
mentalisten durchzusetzen, die eine un-
verzichtbare Wählerbasis für Bush dar-
stellen. So verlangten die Unterhändler,
dass die Abtreibung explizit nicht als Geburtenkontrolle gilt. Dafür soll die sexuelle Enthaltsamkeit unter Jugendlichen
proklamiert werden. Zudem lehnt die Regierung Bush ein Mindestalter für die Ver-
hängung der Todesstrafe ab, weist ein-
klagbare Kinderrechte gegenüber Eltern
von sich und plädiert für getrennte Schul-
klassen für Mädchen und Buben. US-Ge-
sundheitsminister Tommy Thompson
fasste die Doktrin so zusammen: «Absti-
nenz ist der einzige sichere Weg, um Ge-
schlechtskrankheiten, frühe Schwanger-
schaften sowie soziale und persönliche
Probleme wegen vorehelicher Aktivitäten
zu vermeiden.» Damit befinden sich die
USA in bemerkenswerter Gesellschaft:
Nur der Vatikan sowie einige islamische
Staaten, die bei anderer Gelegenheit gerne
in die Nähe der Achse des Bösen gerückt
werden, vertreten gleich rigorose Ansichten. Und neben Somalia sind die USA sogar das einzige Land, das sich weigert, die
Kinderrechtskonvention zu ratifizieren.
Angesprochen auf dieses isolationistische
Gehabe, sagte ein US-Delegierter: «Wir
versuchen, die Welt zu führen.» Dieser
Führungsanspruch wird vor allem von eu-
ropäischen und südamerikanischen Län-

### Aktionsplan

New York. – Jedes vierte von weltweit 2,1 Milliarden Kindern lebt in
bitterer Armut. Täglich stecken sich
8500 Kinder und Jugendliche mit
Aids an. Ziel des Aktionsplans ist,
die Infektionsrate bis 2010 um ein
Viertel zu senken. Noch immer gehen über 100 Millionen Kinder nicht
zur Schule, zwei Drittel davon sind
Mädchen. Und 40 Prozent aller Kinder haben keine Nationalität, weil
ihre Geburt nicht registriert wird.
Bis 2010 sollen diese Zahlen halbiert
werden. Tag für Tag sterben 30 000
Kinder unter fünf an leicht behan-
delbaren Krankheiten wie Masern.
Der Aktionsplan will die Kinder-
sterblichkeit und Mangelernährung
um ein Drittel verkleinern. *(wn)*

dern bestritten. Die USA ver
her eingegangene Verspre
rückgängig zu machen, emp
niederländische Entwicklu
terin Eveline Herfkens. Wese
fiel die Reaktion der Schweiz
aus. Staatssekretär Jean-Fra
nini forderte zwar in der
lung vom Freitag alle Staate
vention zu ratifizieren, ohne
beim Namen zu nennen. «
hier, die US-Politik zu veru
Giovannini an einer Presse
USA seien stets konservati
seien nun sicherlich «wei
worden». Die US-Delegatio
Einschätzung des erfahre
Delegationschefs eben nic
ten, sondern aus Missiona
fest von ihrer Weltsicht

Adrienne Germain, früh
legierte und nun Vorsitzen
tional Women's Health C
die US-Position stehe in W
obersten US-Gericht, zu
Kongress und zur öffentli
Deutschland, das die
führt, versuchte bis am F
nen Kompromiss einzule
Position der USA erschw
weg. Möglicherweise mü
tag verlängert werden, m
Nicht auszuschliessen is
die Rechte der Kinder ze
ohne Einigung, aber mit
amerikanischen Rückzieh

# Abschied von Pim Fortuyn

*An einem Trauergottesdienst
für den ermordeten*

Das Thema: Amerika stellt sich den Forderungen des Uno-Kindergipfels entgegen.

Hirne stürmen.
Bilder entstehen im Kopf.
Ganz direkte Umsetzungen und
um die Ecke Gedachtes.
Man inspiriert sich.
Man korrigiert sich.
Alles kreist um Begriffe.
Wie setzt man sie um?
Wie setzt man das
Geschehene um?
Bildhaft.
Braucht es Worte?

Die Freiheitsstatue wird zur Kinder hassenden Statue der Unfreiheit mit Cowboyhut.

Keine der Ideen paart dabei Bild und Sprache.

Macht nicht gerade dies Nicos Einmaligkeit aus?

Nico spielt mit der Sprache.

Seine Schüler arbeiten mit dem Bildhaften.

Der Gipfel wird zum Gipfeli.

Viele sehen ein, dass nicht alles lernbar ist.

Da und dort versucht man, George W. Bush zu zeichnen.

Nico erklärt. Er setzt sich hin und wirft den Präsidenten in wenigen Sekunden aufs weisse Blatt.
«Es ist ganz einfach», sagt er.
«Eng zusammenstehende Augen; ein frustrierter Mund, grosse Ohren.»

Alle sehen fasziniert zu, wie der mächtigste Mann der Welt entsteht.
Irgendwie entmachtet ihn das gleichzeitig.

# Die Männer w

Am Muttertag rührt sich das schlechte Gewissen der Männer. Grundlos: Sie würden ja haushalten, wenn die Frauen sie nur liessen.

**Von Oliver Klaffke**

Die gängigen Statistiken über die häuslichen Arbeiten von Männern bescheinigen ihnen in schöner Regelmässigkeit ein arges Defizit auf diesem Gebiet. Die Erkenntnis, dass man nicht so viele Socken weggeräumt hat, wie es der fifty-fifty-Regel entspricht und auch beim Kochen im Rückstand liegt, löst spätestens zum Muttertag Gewissensbisse aus.

Doch das Wehklagen von weiblicher Seite angesichts der von Sozialforschern immer wieder ausgemachten männlichen Verweigerungshaltung ist ganz und gar nicht angebracht. Mehr noch: Sie ist ungerecht, weil Frauen zu einem grossen Teil selber schuld sind. Ihre Männer würden mehr im Haushalt tun, wenn frau sie liesse. Kurz gesagt: Die Präsenz eines weiblichen Wesens behindert den

Singles, die in aufgeräumten Wohnungen leben, mit sauberen Hemden herumlaufen und nicht an Unterernährung leiden, belegen dies deutlich.

Männer wollen ihren Teil an der Hausarbeit übernehmen, sie können es auch. Sie dürfen aber nicht. Um diesen Hemm-Mechanismus zu verstehen, hilft ein kurzer Einblick in den familiären Mikrokosmos: In den meisten Familien geht der Mann morgens aus dem Haus, während die Frau – entweder Fulltime oder nach ihrem Job – den Haushalt organisiert. Die Haushaltsarbeit steht unter weiblicher Regie. Die Einkaufsliste, wie was wann wo besorgt wird, ist längst einseitig beschlossen, der Waschplan bereits gemacht. Und wenn der Familienvater dann plötzlich zum Kochlöffel greift oder die Wäsche in die Trommel wirft, ist er ein Eindringling in ein fremdes Reich. Solcherlei geht selten gut. «O meiner bringt alles durcheinander, wenn er das Geschirr versorgt, finde nichts mehr», beschwer sich Frauen über die helfen

Greift d Kochlö Eindrin fremde

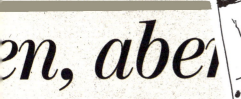

Die zweite Aufgabe: Eine Studie, die aufzeigt, dass Männer eigentlich bessere Hausmänner sein wollten, wenn man sie nur liesse.
Das Brainstorming ist schon weit routinierter und damit zielgerichteter.
Worte kommen dazu, wie selbstverständlich.
Warum jetzt und vorher nicht?

Ist das Zufall? Oder schon Entwicklung?

Nico zeichnet zum gleichen Thema.

Alles scheint einen Zacken weiter gedacht, direkter getroffen.
«Warum kam uns das nicht in den Sinn?», fragt jemand in die Runde. Und sich selbst.

Weil Nico Nico ist.

Wenige hat der Workshop desillusioniert.
Die meisten spornt er an.
Nicht dazu, so wie Nico zu werden.

Aber Dinge anders zu sehen.

Reine Übungssache!

# Warum einer, der zeichnen kann, Wörter braucht

*von Dieter Bachmann ***

Könnte es sein, dass er zeichnet, weil er glaubt, dass er nicht schreiben kann? Nein, das hiesse, Nicos Selbstbewusstsein sträflich zu unterschätzen; im Übrigen weiss jeder, der einmal ein Brieflein von ihm bekommen hat, dass er ein überaus genüsslicher Schreiber ist. Oder schreibt er nicht, weil ihm das zu anstrengend wäre? Als Schreiber denke ich: Es gibt nichts Anstrengenderes, als sich jeden Tag eine Zeichnung einfallen zu lassen; und wenn ich ihn bewundern müsste, würde ich ihn für seine Ausdauer bewundern, nicht für eine einzelne Zeichnung. Also, er zeichnet wahrscheinlich – und schreibt dann etwas dazu –, weil er damit schneller zum Ziel kommt. Zum Witz, der bei ihm die Kehrseite der traurigen Erfahrung ist.

Strich und Sprache – normalerweise wäre das in einem Text über einen Karikaturisten kein Thema. Man könnte ja sagen: Ein Karikaturist ist einer, der zeichnet, was man nicht sagen kann. Hans Sigg, der «Grand Old Man», ist jeweils mit einem einzigen Wort als Bildlegende ausgekommen; das gab der Zeichnung den Schubs zum Leser hin. Man könnte lang und breit darüber reden, dass der und der Kanzler eine Birne sei, verstehen würde das niemand. Der Karikaturist zeichnet ihn – und schon ist alles gesagt: Birne ist Kanzler geworden.

Der Karikaturist Nico braucht auffallend viele Wörter. Und zwar auf drei verschiedenen Ebenen. Erstens sind bei ihm Wörter hie und da ornamentale Elemente im Kontext der Zeichnung, quasi Bausteine des Bildes. Zweitens gibt es bei Nico, und dies nun sehr oft, das Wort-im-Bild, welches mit einem Klick der Erkenntnis den Witzblitz auslöst. Wenn er, zum Beispiel, die Schweizerische Nationalbank ganz gegen deren sprichwörtliche Mimikry als griechischen Tempel darstellt, in dessen Tympanon zwei Worte stehen: Non olet. Es stinke nicht, das Geld, meinten die Lateiner – als Motto der Staatsbank verwendet, spürt man das Parfüm. Das so nebenbei; in der Zeichnung geht es um etwas anderes.

Und drittens schreibt Nico meistens längere Bildlegenden, die wiederum keine eigentlichen Legenden sind, sondern kurze Mono- oder Dialoge. Sätze eben. Jelzin sitzt im Rollstuhl, geschoben von Jewgeni Primakow, und zeigt auf ein Plakat des «Kronprinzen», auf Putin. Darunter steht: «Würdest du bitte Acht geben, dass der da mir nicht gefährlich werden kann.» Man weiss inzwischen, was aus dem frommen Wunsch geworden ist.

Worauf ich hinauswill: Viele von Nicos Zeichnungen nähern sich, so wie sich Bild und Bildlegende ergänzen, der Geschichtenform. Es sind Kürzestgeschichten, die da entstehen, und in der Kürze liegt bekanntlich die Würze, etwas, was bei einem Karikaturisten nicht fehlen darf. Oft erzählt Nico mit diesen Bild-Wort-Kombinationen eine andere Geschichte als der Artikel des Journalisten, den er begleitet. Immer wieder geht der Zeichner weiter als der Journalist – zugegeben, dafür ist er gut bezahlt, und er profitiert von seiner oft genug zitierten Narrenfreiheit. Aber manchmal ist Nico nicht nur im Urteil schärfer als der Schreiber, sondern schon in der Analyse. Er, der Bonvivant, hat offenbar einen ziemlich gesellschaftskritischen Standpunkt, er ist ein Intellektueller und hat im Übrigen für wirtschaftliche und politische Intimitäten eine Nase, der es früher stinkt als den Fachleuten – so geschehen im Fall des Falls der Swissair, und nicht nur in dem.

Nico kommentiert nicht, er denunziert. Und was er schreibt, ist nicht die Fortführung des allgemeinen Gelafers mit anderen Mitteln – es kommt aus ganz anderen Quellen. Darf man an Nicos Ahnen erinnern? An einen Giganten wie Saul Steinberg und einen Stil bildenden Vorfahren wie Paul Flora? Längst sind deren Einflüsse aufgegangen und eingeschmolzen in Nicos eigener Handschrift. Aber wenn man Saul Steinberg sagt, denkt man daran, dass am Anfang nicht das Wort war (und schon gar nicht der Satz), sondern der Buchstabe.

Erinnert man sich noch an diese gewaltigen steinbergschen Einöden, Landschaften, auf denen riesige Buchstaben wie Trümmer einer unverständlichen Sprache herumlagen? Trümmer einer vergangenen Kultur, Elemente eines früheren Zusammenhangs, selbstständig und einsam geworden, Fragmente, als kämen sie aus einer antiken Welt, staunenswert, erhaben, unnahbar. Der einzelne Buchstabe wurde zum Gegenstand der Zeichnung, das Bauteil des Wortes, das Alphabet als Voraussetzung von geschriebener Sprache – das hiess nicht nur, zu den Ursprüngen zurückzugehen, das hiess gleichzeitig, zwischen Logo und Imago eine ganz elementare Verbindung zu schaffen.

Aus Saul wurde Paul, und aus Steinbergs erhabener Abstraktion, dem Rückmarsch vom Wort in eine Vorsprache, wurde bei Flora die Verwandlung des Wortes zum Ornament. Man erinnert sich an jene Wolken von Wörtern, an diese Wort-Gebäude in einem architektonischen Sinn – vom Zeichen zur Zeichnung –, mit denen Flora auf seine Themen reagierte, die ja nicht selten literarische Themen waren oder auch einfach das alltägliche Blablabla: ist «blablabla» selbst eigentlich ein Wort oder eine «Zeichnung»?

Leute wie ich, die mit einem optischen Gedächtnis geschlagen sind, erinnern sich an Nicos Anfänge in der Nähe von Floras blumiger Flora. Aber Nico entwickelte rasch eine eigene Natur, die nun näher bei einer Fauna ist: gefährlicher, als Flora je war, Satire, und das heisst – Attacke. Der frisch gewählte Kanzler Schröder steht auf dem Fell des erledigten Vorgängers Kohl und raucht eine Zigarre, deren Rauch das Wort «Reformen» bildet. Bildlegende: «Rauchzeichen.» Was von Reformen, die auf einer solchen Grundlage entstehen, zu halten ist, von solchen Rauchzeichen, Nico hats gesagt, und zwar schon im Jahr 1999.

Was die zeichnerischen Wortschwaden betrifft: Was so sehr der eigene Ausdruck geworden ist, gibt man nicht einfach auf. Und so kringelt sich auch noch 2002 aus der Pfeife des Herrn Möllemann ein Wortgebilde, das man, dreht man die Zeitung ein bisschen, mit Behagen als «Westerwelle» entziffert. Und auch hier ist Nico schon wieder ein bisschen weiter, als Denunziant einer voreiligen Versöhnung, seis in diesem Fall, oder seis in jedem Fall, wo das Unvoreilige, das heisst die Skepsis, der richtige Ratgeber wäre.

Den Blick hat er sowieso. Ob im Wort oder im Strich, im Stichwort. Als die so genannten neuen Technologien den Börsen ihren Boom verschafften und die Anleger Fantasiepreise für die neuen Aktien bezahlten, da machte Nico aus dem Firmennamen «Think Tools» schon einmal das Wort «stinkfool». Es war dann dieses Wort, das überlebt hat, und nicht viel mehr.

*Dieter Bachmann ist Autor, war von 1988 bis 1998 Chefredaktor der Zeitschrift «du». Heute ist er Direktor des Istituto Svizzero di Roma.*

# Bangen und Hoffen
## von Peter Hegetschweiler*

Mutig, lieber Nico, mich um einen Beitrag zu deinem Buch zu bitten. Mich, den du während mindestens 30 Jahren mindestens 30 Mal jährlich (und etwas mehr) genervt, geärgert, gestresst hast. Die Zeit, die ich mit Warten, mit Bangen und Hoffen darauf verbracht habe, deine Zeichnung möge – bitte, bitte! – doch noch rechtzeitig v o r Redaktionsschluss eintreffen, all die Minuten, die sich zu Stunden, Wochen, Monaten summiert und mich Jahre meines Lebens gekostet haben (mindestens!) – dafür könnte ich mich jetzt rächen. Und wie.

Ich tue es – natürlich – nicht. Was deine sprichwörtliche Unpünktlichkeit anbelangte, das haben wir in all den Jahren direkt geregelt – oder es zumindest versucht. Verbal. Selten freundlich zwar und schon gar nicht höflich. Aber unter Freunden, die 30 Jahre lang sozusagen Krieg und Frieden führten, darf auch mal ein sehr unschönes Wort fallen – oder? Zudem: Gebracht hat es wenig, eigentlich nichts; schon am übernächsten Tag hast du wieder zu spät geliefert.

Wenn ich allerdings ehrlich bin, Nico, und ich sags wirklich ungern, hab ich dich dafür stets bewundert. Für dein Ignorieren all meiner Bemühungen, dich zu etwas Disziplin anzuhalten. Und für die Selbstverständlichkeit, mit der du sämtlichen meiner Drohungen widerstanden hast. Beispiel: «Und wenn es morgen wieder so spät wird, dann häng ich auf der Frontseite ein Bild rein.» – Das nenn ich Selbstbewusstsein. Von dir!

Noch beeindruckender aber finde ich, dass du – und das noch heute – ohne den Nervenkitzel des drohenden Redaktionsschlusses offensichtlich weder zeichnen noch leben kannst. Erst das Ticken der Sekunden weit nach 22 Uhr gibt dir jenen Kick, löst in dir jenen Adrenalinschub aus, der dich mit dem Zeichenstift in der Hand zum Schluss- beziehungsweise Höhepunkt kommen lässt. Ist doch so, Nico. Oder ...?

Und noch etwas. Meine wirklich ungeteilte, nach wie vor ungebrochene Bewunderung gilt einer Gabe von dir, die für mich der Genialität ganz nahe kommt. Oder gibt es etwa in der näheren Umgebung von Olten einen anderen Karikaturisten, der täglich und nächtlich in der Lage ist, Zeitthemen von der Politik bis zum Sport, vom Wirtschaftsfilz bis zum Kulturschock zeichnerisch so gekonnt, so witzig und so perfide zugleich zu kommentieren? Und das erst noch auf Wunsch der Redaktion in jedwelchem Format, einspaltig extrem hoch, fünfspaltig noch extremer quer. Schlicht genial.

Seit 30 Jahren machst du das schon, Nico. Treibst ganz nebenbei deine «Stressspielchen» mit mir. Demnächst hast du mich wohl so weit, dass ich glaube, ohne sie gar nicht mehr leben zu können. Herzlichst, hw.

*Peter Hegetschweiler, langjähriger Chef vom Dienst der TA-Redaktion, heute stellvertretender Chefredaktor.

# The Best of Nico 2002

*Texte von Hans Kurt Studer ***

«Wenn Sie den Mund leer haben, können Sie uns dann sagen, wo die Geheimdokumente sind, Herr Regli?»

«Wars nicht ursprünglich deine Absicht, die Akte wegzuzaubern?»

**Geheimpakt mit Südafrika**

Nach neuen Enthüllungen in den Medien muss der Bundesrat zugeben, dass der Apartheidstaat Südafrika zum auserwählten Kreis von 14 Ländern gehörte, mit denen die Schweiz Geheimverträge abgeschlossen hatte. Der Inhalt des brisanten Dossiers bleibt unter Verschluss. Offenbar ging es um den Schutz von geheimen Informationen über Rüstungsgeschäfte – obwohl der Waffenexport nach Südafrika bei Vertragsabschluss schon 20 Jahre lang verboten war. Eine von Verteidigungsminister Samuel Schmid in Auftrag gegebene Administrativuntersuchung soll nun abklären, ob der frühere Chef des Schweizer Nachrichtendienstes, Divisionär Peter Regli, das Apartheidregime bei der Entwicklung von chemischen und biologischen Waffen unterstützt hat, indem er dem berüchtigten Militärarzt Wouter Basson alias «Dr. Tod» den Weg zu schweizerischem Knowhow geebnet hat. Schmid fand es «rechtlich gesehen fragwürdig», dass Regli Akten aus der Zeit seiner Kooperation mit Basson vernichtet hat. Untersucht werden sollen auch die mysteriösen Umstände beim Kauf zweier russischer Raketen des Typs SA-18, die nie für Testzwecke verwendet worden sind, obwohl Regli mit ihnen angeblich den Missbrauch durch Terroristen prüfen lassen wollte.

«Der Bundesrat hat mich ermächtigt, Ihnen Einsicht in den geheimen Vertrag zu geben.»

«Ich kenne ihn. Den müssen wir nicht kontrollieren, er hat so ehrliche Augen.»

## Zauberlehrlinge ausser Kontrolle

US-Präsident George W. Bush war es zwar gelungen, nach dem Angriff auf das New Yorker World Trade Center vom 11. September 2001 die Uno auf den Kampf gegen den Terrorismus einzuschwören, doch war nach dem Beginn der Intervention in Afghanistan nicht zu übersehen, dass Washington verpasst hatte, politische Konzepte dafür vorzubereiten, nachdem es die «Hottenkrieger» einst entscheidend in ihrem Kampf gegen die sowjetischen Besatzer gestützt hatte. Jetzt wurde die Nordallianz für den Krieg gegen das mit den Terroristen kooperierende Talibanregime von den USA grosszügig mit Waffen und Geld versorgt. Doch nachdem die Nordallianz überraschend alle Fronten durchbrochen und die Hauptstadt Kabul erobert hatte – dabei aber zusehends ausser Kontrolle geraten war –, erklärte ein nervös gewordener Aussenminister Colin Powell, nun müsse «sehr schnell» eine politische Übergangslösung gefunden werden. Doch in dem in zahlreiche Ethnien und Clans zersplitterten Land liess sich nach 23 Jahren Krieg keine Integrationsfigur finden. Auch der von Bush ins Spiel gebrachte und aus dem römischen Exil zurückgeholte 86-jährige Ex-König Zahir Shah konnte diese Aufgabe nicht erfüllen.

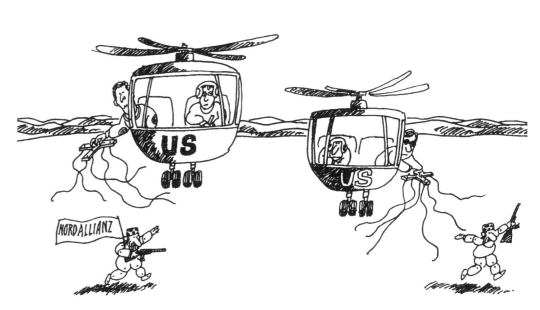

Katze und Maus in Afghanistan.

Die Marionetten machen sich selbstständig.

«Bist du sicher, George, dass du dem König die richtige Krone mitgibst?»

«Wir werden die Terroristen jagen und gegen jedes Land mit aller Härte vorgehen, das ihnen Unterschlupf gewährt.»

### Ziel verfehlt

Nachdem die Talibankämpfer auch ihre Hochburg Kandahar im Süden des Landes aufgegeben und sich in die höhlenreiche, schwer zugängliche Bergregion Tora Bora zurückgezogen hatten, überliessen die Amerikaner den Bodenkrieg immer mehr ihren Verbündeten und beschränkten sich auf Einsätze ihrer Luftwaffe, die allerdings zusehends ihr Image als Präzisionsmaschinerie einzubüssen drohte. Bei irrtümlichen oder ungenauen Bombardements wurden Tausende von Zivilisten getötet, ganze Dörfer und Depots des Internationalen Roten Kreuzes zerstört. Auch eigene Truppen wurden versehentlich aus der Luft attackiert. Das von Präsident Bush verkündete eigentliche Ziel der bewaffneten internationalen Intervention in Afghanistan, nämlich die Unschädlichmachung des Al-Qaida-Terroristenführers Osama Bin Laden und des Talibanchefs Mullah Omar, ist hingegen nicht erreicht worden. Im Gegenteil: Bin Laden drohte in Aufrufen an seine extremislamische Gefolgschaft mit neuen Terroranschlägen gegen die USA.

«Wirf endlich! In den 20-Uhr-News sehen wir dann, wohin sie geflogen sind.»

George W. schreibt sich ins Geschichtsbuch ein.

**Die subversive Brezel**

Als Präsident George W. Bush das im Fernsehen übertragene Football-Playoffspiel der Miami Dolphins gegen die Baltimore Ravens verfolgte, kippte er plötzlich ohnmächtig vom Sofa: Eine Bierbrezel war ihm in den falschen Hals geraten. Als er wieder zu sich kam, rief der Präsident die Dienst habende Krankenschwester, die seinen Leibarzt alarmierte. Dr. Richard J. Tubb diagnostizierte eine «vasovagale Ohnmacht», ausgelöst durch eine Überreaktion des Parasympathikusnervs und verursacht durch das subversive Gebäck, das beinahe im Hals des 55-Jährigen stecken geblieben war. Der Schwächeanfall Bushs, der an der linken Wange, an der Nase und an der Unterlippe sichtbare Spuren des Sturzes hinterliess, habe nichts mit Stress oder Überarbeitung infolge des Afghanistankriegs zu tun, erklärte der Arzt.

*«Nicht die Brezel, das Fernsehprogramm ist ihm im Hals stecken geblieben.»*

**Suter macht Platz für Neustart**

In Basel löste der Entscheid des vom Nestlé-Präsidenten Rainer E. Gut geführten Steuerungsausschusses, Crossair-Gründer Moritz Suter nicht für den Verwaltungsrat der neuen Crossair zu nominieren, grosse Empörung aus. Mit nahezu 60 000 Unterschriften forderte die Bevölkerung, dass er in diesem Gremium Einsitz nehmen oder es sogar präsidieren solle. Aber auch der Bundesrat, der mit seiner Milliarden-Starthilfe die Verschmelzung der Regional-Airline mit Teilen der bankrotten Swissair zur neuen nationalen Fluggesellschaft überhaupt erst ermöglichte, tat seine Meinung kund, Suter sei als Integrationsfigur dafür nicht geeignet. Der Gründervater überraschte die ausserordentliche Generalversammlung mit seiner Verzichterklärung, nicht ohne seiner Verbitterung über die «masslos ungerechte Behandlung des erfolgreichen Crossair-VR» Luft zu machen und seine Ernennung zum Ehrenpräsidenten abzulehnen. Er dementierte auch, dass die Crossair in ihrer 27-jährigen Geschichte zweimal vor dem Ruin gestanden habe. Nach einer Abrechnung mit dem FDP-Filz stimmten die eidgenössischen Räte gegen die Opposition von Christoph Blochers SVP der Bundeshilfe in Höhe von 2,1 Milliarden Franken zu. Die Parlamentarier standen vor allem unter dem Eindruck, damit Zehntausende von Arbeitsplätzen zu retten.

«Es tut mir Leid, Europagegner können wir bei dieser Veranstaltung nicht gebrauchen.»

«Vor lauter Parteienstreit vergessen Sie, dass das Ding noch Flügel braucht.»

«Erstens kann ich das nicht lesen, und zweitens sind Sie ein Spielverderber.»

«Ich befürchte trotz allem, wir hätten ihm den Grösseren geben müssen.»

«Kein bequemes Treppchen heute, lieber André.»

**Zürich sagt Ja zur Swiss, aber …**

Dass die neue Schweizer Airline wie geplant abheben konnte, dafür sorgten die Stimmberechtigten das Kantons Zürich, indem sie einen Kredit von 300 Millionen Franken für die neue Fluggesellschaft mit 55,5 Prozent Ja-Stimmen bewilligten. Nur drei Monate später aber lehnten die Stimmberechtigten der Stadt Zürich eine weitere Unterstützung der Swiss zur Enttäuschung von deren Chef André Dosé mit 51,8 Prozent knapp ab. Der Stadtrat hatte beantragt, für 50 Millionen Franken Aktien an dem neuen Unternehmen zu zeichnen. Zum negativen Entscheid dürften auch die sich abzeichnenden gravierenden Folgen des von Verkehrsminister Moritz Leuenberger mit Deutschland abgeschlossenen Staatsvertrags für den Raum Zürich beigetragen haben. (Ein Crossair-Pilot hat allerdings demonstriert, dass man auch in Aosta landen kann, wenn man eigentlich Sitten ansteuern will…) Tatsächlich hat die Limmatstadt in letzter Zeit ein paar schwere Brocken zu verdauen: Nach der Bruchlandung der bankrotten Swissair die Aussicht, die neue Airline mit Basel teilen zu müssen, und den Entscheid des Bundes, die Bewerbung Zürichs um ein Casino zu übergehen und Baden zu bevorzugen.

*«Auf den ganzen Schrott der letzten Wochen, mein Schatz.»*

## Es brodelt bei den Piloten

Dafür, dass in mehreren Kantonen die für die neue nationale Airline beantragten Kredite bei Parlamenten und Stimmberechtigten auf Ablehnung stiessen, war massgeblich der von den Piloten ausgelöste Wirbel verantwortlich, deren Forderungen in der Bevölkerung auf wenig Verständnis stiessen. Erst forderte die Gewerkschaft Aeropers für die ehemaligen Swissair-Piloten einen eigenen Gesamtarbeitsvertrag. Sie waren zwar zu «substanziellen Lohneinbussen» bereit, konnten sich aber nur «mittelfristig» einen gemeinsamen GAV für alle Piloten vorstellen. Damit forderten sie die Piloten der Crossair heraus, die nicht bereit waren, eine Zweiklassengesellschaft beim fliegenden Personal zu akzeptieren, und unverhohlen mit Streikmassnahmen drohten. Der Bund rief die durch einen Schiedsspruch gestärkten ehemaligen Crossair-Piloten zur Mässigung auf. Den streitbaren Flugzeuglenkern schwappte aber auch vom eigenen Bodenpersonal wachsender Unmut entgegen: In Genf-Cointrin hinderten Swissair-Angestellte die Crossair-Maschinen gar mit einem vierstündigen Streik am Abflug.

*«Jetzt steht ihnen das Wasser bis zum Kragen, und sie stellen Bedingungen.»*

«Sobald unsere Maschinen nicht mehr bestreikt werden, wirds noch viel lustiger.»

**Schweiz ist mehr als viersprachig**

Die Bevölkerung der Schweiz ist von 1990 bis 2000 um 5,9 Prozent auf 7 280 000 Personen gewachsen, von denen 20 Prozent einen ausländischen Pass besitzen. Dies gab das Bundesamt für Statistik als Ergebnis der Volkszählung 2000 bekannt. Die Schweiz verzeichnet damit eine der höchsten Wachstumsraten in Europa. Als Folge der Zuwanderung aus Südost- und Osteuropa hat neben der Religions- auch die Sprachenvielfalt weiter zugenommen. Für jeden Zehnten ist keine der vier Landessprachen die Hauptsprache. Nach Deutsch, Französisch und Italienisch folgen heute Serbisch, Kroatisch, Türkisch und Albanisch vor Portugiesisch und Spanisch.

### «Arena»-Dompteur verliert Machtkampf

Der Regionalratsausschuss Deutschschweiz hat den seit langem im Leutschenbach schwelenden Machtkampf zwischen Fernsehdirektor Peter Schellenberg und Fernseh-Chefredaktor Filippo Leutenegger zu Gunsten Schellenbergs entschieden: Der 49-jährige Leutenegger, der als Leiter der «Arena»-Diskussionssendungen die politische Prominenz um sich zu scharen wusste, ist mit sofortiger Wirkung von seinen Funktionen freigestellt worden. Die publizistische Leitung übernimmt der 61-jährige Schellenberg interimistisch selbst. Begründet wird der Entscheid mit unüberbrückbaren Differenzen in wichtigen strategischen und organisatorischen Fragen, tief greifenden Meinungsverschiedenheiten über Führungsprinzipien und dem nicht mehr vorhandenen Vertrauensverhältnis. Hingegen soll der Konflikt um die beim Schweizer Fernsehen vorgesehenen Sparmassnahmen bei der Entlassung keine Rolle gespielt haben.

*«Besser kann ich meinen Sparwillen nicht zeigen: Ich mache zwei Jobs für einen Lohn.»*

### Zweimal Gold für Simon: «Voll geil»

Nur einen Monat nach einem schweren Sturz mit Gehirnerschütterung und Schulterprellung gewann der 20-jährige Obertoggenburger Bauernsohn Simon Ammann in Salt Lake City als erster Schweizer in der olympischen Geschichte Gold im Skispringen. Drei Tage nach seinem Sieg auf der Normalschanze holte sich der Gymnasiast aus Unterwasser die zweite Goldmedaille auf der Grossschanze und schuf damit die Sensation der Olympischen Winterspiele 2002. Nach dem Finnen Matti Nykänen (1988 in Calgary) ist er erst der zweite Doppel-Olympiasieger der Skispringer. Mit seinen Goldsprüngen, die er selbst «voll geil» fand, liess er die mageren Leistungen des alpinen Skiteams der Schweiz vergessen. Riesenslalom-Weltmeister Michael von Grünigen landete als grösste Hoffnung abgeschlagen auf dem elften Rang.

«Nach den schwachen Leistungen der Swissair ist der starke Sponsor-Auftritt verständlich, aber ist er auch regelkonform?»

«Von Grünigen ist im Tiefschnee gelandet, und nun wird eine Suchmannschaft aufbrechen müssen, um ihn da wieder herauszuholen.»

### «Mister Zurich» beugt sich dem Druck

Nach siebenjährigem Doppelmandat als Verwaltungsratspräsident und Konzernchef tritt der 59-Jährige Rolf Hüppi unter dem wachsenden Druck von Aktionären und Öffentlichkeit als CEO des in die roten Zahlen geratenen Allfinanzkonzerns Zurich Financial Services als CEO zurück, will aber an seinem Präsidentenamt festhalten. Bis anhin wollte «Mister Zurich» von einer Aufgabe seines Doppelmandats nichts wissen. Mit der Begründung, der Konzern stecke in einer schwierigen Umbauphase, weshalb die Zügel in einer Hand vereint sein müssten, pflegte er die Kritik an der Machtkonzentration bei seiner Person zu kontern. Der Manager mit einem Fünfmillionensalär hat es auch bewusst unterlassen, einen Nachfolger aufzubauen. In der Finanzwelt wird bezweifelt, ob er mit dieser Taktik wenigstens seinen Präsidentensitz retten kann.

*«Schade für Rolf Hüppi – aber wir können nichts mehr für ihn tun.»*

*«Kurier Hüppi, bringen Sie mir bitte einen Cappuccino mit viel Schaum! Schaum schlagen können Sie ja wohl.»*

**Zobls Ende bei der Rentenanstalt**

Wenige Tage nach Hüppis Rücktritt erlebte die schweizerische Öffentlichkeit einen zweiten, allerdings abrupteren Abgang von der Spitze eines traditionsreichen Versicherungsunternehmens. Weil er sich mit dem Verwaltungsrat überworfen hatte, nahm Manfred Zobl nach zehn Jahren seinen Hut als Konzernchef der Rentenanstalt/Swiss Life. Der 56-Jährige wurde ohne Abgangsentschädigung in Frühpension geschickt: «Bei uns gibt es keine goldenen Fallschirme.» Die Strategie des grössten Schweizer Lebensversicherers soll überprüft werden. Wohin die Reise des Pensionskassen-Flaggschiffs nach der Trennung von Zobl gehen soll, wollte Verwaltungsratspräsident Andreas F. Leuenberger nicht offenbaren.

*Der Steuermann geht in Pension.*

**Die Schweiz sagt Ja zur Uno**

Die Schweiz tritt als 190. Mitglied den Vereinten Nationen bei: Mit einem klaren Volks- und einem hauchdünnen Ständemehr hat der Souverän den von Bundesrat und Parlament empfohlenen Schritt vom Beobachterstatus zur Vollmitgliedschaft gutgeheissen, den er 1986 noch wuchtig verworfen hatte. Als voll berechtigtes Mitglied wird die Schweiz nicht länger nur in Unterorganisationen mitwirken und mitbezahlen. Mit seiner Auns und grossen Teilen der SVP hatte Nationalrat Christoph Blocher in einer heftigen Kampagne aus allen Rohren gegen einen Uno-Beitritt geschossen, um wenigstens ein Ständemehr zu verhindern. Er warnte, der Beitritt zur politischen Uno auferlege der Schweiz neutralitätswidrige aussenpolitische Verpflichtungen und mache sie zur Befehlsempfängerin der Grossmächte, wobei Volksrechte und Freiheit verloren gingen.

«Vorbei, zu spät, Christoph.»

«Der heilige Christophorus zappelt vor lauter Freude.»

## Leo Kirch: «Der Herr hats gegeben …»

Nach monatelangen Verhandlungen hat der 75-Jährige deutsche Medienmogul den Kampf um sein Lebenswerk verloren, nachdem die Differenzen zwischen Kirchs Gläubigerbanken einerseits und den Medienkonzernen News Corp. von Rupert Murdoch und Mediaset des italienischen Ministerpräsidenten Silvio Berlusconi anderseits nicht überbrückt werden konnten. Nun muss die Kirch-Media Zahlungsunfähigkeit anmelden. Die ganze Gruppe schuldet den Kreditinstituten mindestens 6,5 Milliarden Euro: Die grösste Unternehmenspleite der deutschen Nachkriegsgeschichte. Kirch, der an mehreren privaten TV-Sendern beteiligt war und mit zahllosen Film- und Fernsehrechten – von der Fussball-WM bis zur Formel 1 – massgebend mitbestimmte, was über die deutschen Bildschirme flimmerte, nahm seinen Absturz eher gelassen: «Der Herr hats gegeben, der Herr hats genommen.» Bundeskanzler Schröder schlachtete den Fall Kirch politisch aus: Weil die halbstaatliche Bayerische Landesbank die mit Abstand meistbetroffene Kirch-Gläubigerin ist, sah er darin ein Zeichen der Inkompetenz des Freistaat-Ministerpräsidenten Edmund Stoiber, seines Herausforderers in der kommenden Bundestagswahl.

*Leo Kirch: Eine Ära ist zu Ende.*

*«Hoffentlich hält Silvio nun für einen Moment sein Maul.»*

**Ohrfeige für Berlusconi**

Der erste Generalstreik in Italien seit 20 Jahren hat das öffentliche Leben weitgehend lahm gelegt. 13 Millionen folgten dem landesweiten Aufruf der Gewerkschaften zum Ausstand, Hunderttausende nahmen in Mailand, Rom, Florenz, Turin und andern Städten an den Massendemonstrationen teil, die sich gegen die Pläne der rechtsbürgerlichen Regierung Berlusconi richteten, den Kündigungsschutz aufzuweichen. Der Erfolg des Generalstreiks war eine Ohrfeige für den Ministerpräsidenten, der vor seinem Wahlsieg offen seine Absicht angekündigt hatte, die Arbeitervertretungen entscheidend schwächen zu wollen. Die aggressive Strategie ist fehlgeschlagen.

## Politisches Erdbeben in Frankreich

Gewaltiger Schock nach dem ersten Wahlgang der französischen Präsidentschaftswahlen: Der Führer der rechtsextremen, fremdenfeindlichen Front national, Jean-Marie Le Pen, warf den sozialistischen Premierminister Lionel Jospin völlig überraschend aus dem Rennen und konnte damit zur Stichwahl gegen den amtierenden Präsidenten Jacques Chirac antreten, der im Wahlkampf dem Thema der angeblich fehlenden «inneren Sicherheit» Priorität einräumte. Während Jospin den Vormarsch der Rechtspopulisten «ein beunruhigendes Signal für Frankreich und die Demokratie» nannte und seinen Rücktritt aus dem politischen Leben ankündigte, kostete der 73-jährige Rabauke Le Pen seinen «Sieg» voll aus und appellierte an seine Landsleute, die «historische Chance eines nationalen Aufschwungs» zu packen, dem Land seine Grösse und Unabhängigkeit zurückzugeben und es vom sozialistisch-gaullistischen «System» zu befreien. Damit konnte sich Chirac im zweiten Wahlgang als Retter der Republik gegen ein Modell faschistoider Prägung präsentieren und ihn mit starker Unterstützung der Linken klar gewinnen.

«Sag mal, hat es rechts von Chirac noch Platz?»

«Wählen an diesem Tag – das musste ja schief gehen.»

*Elmar Ledergerber*

**Ledergerber wird Zürcher Stadtpräsident**

Die Stadtzürcher haben den bisherigen Vorsteher des Hochbaudepartements, den Sozialdemokraten Elmar Ledergerber, im zweiten Wahlgang als Nachfolger seines zurückgetretenen Parteifreundes Josef Estermann zu ihrem neuen Stadtpräsidenten erkoren. Da Ledergerber bis weit ins bürgerliche Lager hinein Unterstützung genoss, blieb sein Kontrahent Rolf André Siegenthaler von der SVP hoffnungslos im Abseits. Der Berufsmilitär Siegenthaler verlor auch den Kampf um den neunten Stadtratssitz gegen den freisinnigen Juristen Andreas Türler. Die rot-grüne Mehrheit im Stadtrat bleibt aber erhalten. Die Wählerschaft bewies indessen einen feinen Sinn für die Balance der Kräfte: Dem von links dominierten Stadtrat steht in den nächsten vier Jahren ein bürgerliches Parlament mit einer erstarkten SVP gegenüber, welcher das Stimmvolk aber offenbar wegen ihrer Verhinderungspolitik keine Regierungsverantwortung zutraut.

**Deiss lässt Borer fallen**

Nach einer beispiellosen Medienkampagne hat sich Bundesrat Joseph Deiss entschlossen, seinen Botschafter Thomas Borer aus Berlin abzuberufen, weil er nicht mehr in der Lage sei, seine Aufgabe wirkungsvoll, würdig und mit der nötigen Glaubwürdigkeit zu erfüllen. Wenig glaubwürdig war die Erklärung des Aussenministers, dass er sich mit dieser Massnahme nicht dem starken Druck der Ringier-Presse beuge, die den Rücktritt des Diplomaten wegen einer Sexaffäre forderte. Der «SonntagsBlick» hatte eine Schmuddelgeschichte seiner Berliner Klatschreporterin Alexandra Würzbach um eine angebliche Liebesnacht Borers mit der 34-jährigen Visagistin Djamile Rowe in der Berliner Botschaft zur Titelstory gemacht, die dann von «Blick» tagelang kampagnemässig ausgeschlachtet wurde. Im Bundeshaus hielt man Borer zwar zugute, Politik, Wirtschaft und Kultur der Schweiz in Deutschland auf ungewohnte und originelle Weise vertreten zu haben, doch war es kein Geheimnis, dass die freizügigen Auftritte der texanischen Borer-Gattin Shawne Fielding im Departement Deiss zunehmend Kritik und Befremden ausgelöst hatten. Der nach Bern zurückgepfiffene 44-jährige Borer, der das ihm angedichtete Liebesabenteuer stets bestritt, liess seine diplomatische Karriere sausen, etablierte sich als Unternehmensberater in Berlin und kündigte rechtliche Schritte gegen den Ringier-Verlag an.

*Die Beförderung des Diplomnarren*

*Die Unwetter in Berlin forderten ihre Opfer.*

## Fall Borer wird zum Fall Ringier

Die Affäre Borer wurde überraschend zum Fall Ringier, als die Kronzeugin Djamile Rowe in einer zweiten eidesstaatlichen Erklärung dementierte, je eine sexuelle Beziehung mit dem abberufenen Botschafter gehabt zu haben. Verleger Michael Ringier, der sich zuvor demonstrativ vor die Chefredaktoren beider Boulevardblätter gestellt hatte, zog nun die Konsequenzen aus dem groben Verstoss gegen die Regeln des journalistischen Handwerks. Er entschuldigte sich beim Ehepaar Borer-Fielding für die Verletzung von dessen Privatsphäre und verpflichtete sich zur Zahlung eines Schmerzensgeldes, über dessen Höhe bei der aussergerichtlichen Einigung Stillschweigen vereinbart wurde. Ringier bezeichnete es als Fehler, sich auf die Aussagen Rowes verlassen und ihr dafür ein Honorar von 10 000 Euro bezahlt zu haben. «SonntagsBlick»-Chefredaktor Mathias Nolte nahm den Hut. Ihn hatte der wegen seiner dubiosen Rolle in der Affäre Borer stark unter Beschuss geratene Ringier-Chefpublizist Frank A. Meyer mit dem Auftrag aus Deutschland geholt, den schweizerischen Boulevardjournalismus aufzumöbeln. Was ihm ja zweifellos gelungen ist ...

*«Soll ich die Millionen als meyersche Berlin-Spesen verbuchen, Chef?»*

**Skandal im Arbeitsamt**

Ein halbes Jahr vor der Bundestagswahl standen die Signale auf dem deutschen Arbeitsmarkt für die rot-grüne Regierungskoalition auf Sturm: Die Zahl der Arbeitslosen kletterte wieder über die Vier-Millionen-Marke. Und der Bundesrechnungshof liess eine Bombe platzen, die Bundeskanzler Schröder zu raschem Handeln zwang. Bei Nachprüfungen von regionalen Arbeitsämtern war festgestellt worden, dass bis zu 70 Prozent der ausgewiesenen Stellenvermittlungen nicht tatsächlich erfolgt waren und bewusst Statistiken gefälscht worden sind. Kritisiert wurde auch, dass sich in der federführenden Bundesanstalt für Arbeit in Nürnberg mit ihren 181 Aussenstellen nur 8500 von 93 000 Mitarbeitern der eigentlichen Kernaufgabe, nämlich der Arbeitsvermittlung, widmen. Schröder kündigte eine umfassende Umstrukturierung der Bundesanstalt an und ersetzte ihren Präsidenten Bernhard Jagoda durch den Arbeits- und Sozialminister von Rheinland-Pfalz, den SPD-Politiker Florian Gerster.

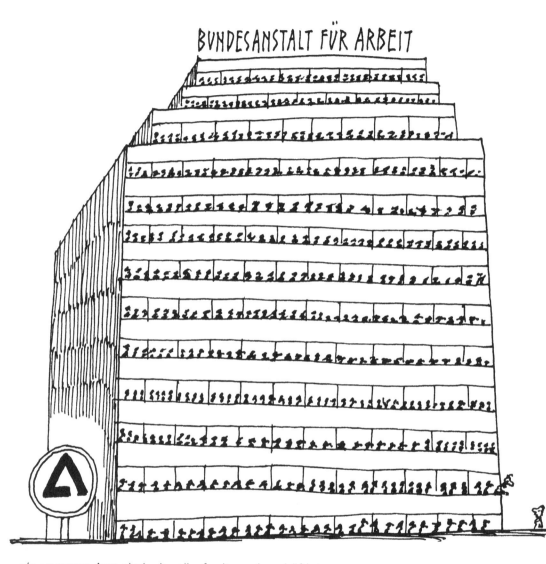

«In unserem Amt sind wir vollauf mit uns beschäftigt.»

*«Find ich echt innovativ, eine Nebelwolke herzustellen, wie man sie seit 15 000 Jahren am Jura-Südfuss kennt.»*

### «L'Expo existe. Donc la Suisse existe!»

Mit diesen Worten zündete Expo.02-Generaldirektorin Nelly Wenger an der glanzvollen Eröffnungsfeier der sechsten Landesausstellung seit 1883 das «Feuer der Begeisterung» an. Bundespräsident Kaspar Villiger erinnerte in seiner Ansprache an die schwierige Entstehungsgeschichte: «Viele glaubten nicht daran, viele kämpften dafür, viele wollten es nicht, aber es ist Wirklichkeit geworden: Die Expo.02 steht.» Mit ihren vier dezentralen Arteplages in der Drei-Juraseen-Region, auf denen verschiedene Themen wie Macht und Freiheit, Augenblick und Ewigkeit behandelt werden, geht die Expo.02 neue Wege und vermittelt als Stätte der Begegnung, des Dialogs, der Kontroverse und des Traumes dem Land Impulse zur Gestaltung seiner Zukunft in einer sich immer rascher wandelnden Welt. Sie überrascht die Besucher aber auch mit lustvollen und originellen Attraktionen wie der sprühenden künstlichen Wolke über dem Gestade von Yverdon.

**Bankgeheimnis: EU erhöht den Druck**

Am EU-Finanzministertreffen in Brüssel ist die Schweiz mit harschen Worten zur Verhandlungsaufnahme über die Zinsbesteuerung gedrängt worden. Insbesondere der deutsche Finanzminister Hans Eichel hat den Druck auf das Bankgeheimnis erhöht, indem er eine konzertierte Aktion der EU-Staaten gegen die Schweiz ankündigte. Die von der Schweiz angebotene Zahlstellensteuer biete zwar vordergründig eine teilweise Abgeltung von Steuerausfällen, erfasse jedoch nur die Erträge auf hinterzogenen Geldern und nicht das Schwarzgeld selbst. Aber Finanzminister Kaspar Villiger blieb hart: «Das Bankgeheimnis ist nicht verhandelbar.» Es garantiere einen starken Finanzplatz Schweiz, der für den Wohlstand des Landes lebensnotwendig sei. Dass das Bankgeheimnis als Eckpfeiler der individuellen Privatsphäre erhalten werden müsse, verkündeten auch die Topbankmanager Ospel und Mühlemann. Der UBS-Chef lüftete wenigstens das Geheimnis um sein Jahressalär, das 2001 12,5 Millionen Franken betrug, während sein Kontrahent Mühlemann von der Credit Suisse noch 2,5 Millionen mehr verdient haben soll.

*«Das grösste Bankgeheimnis wird für mich immer bleiben, warum Ospel und Mühlemann so viele Millionen für so dürftige Leistungen erhalten.»*

*Der Dreisprung will nicht so recht gelingen.*

## Sparziel bei weitem verfehlt

Das neue Krankenversicherungsgesetz (KVG) hat das erklärte Ziel einer Kostendämpfung im Gesundheitswesen klar verfehlt. Eine Wirkungsanalyse, die der Bund in Auftrag gegeben hat, stellt aber auch fest, dem KVG sei es gelungen, die Entsolidarisierung zu stoppen und Leistungslücken zu stopfen. Bundesrätin Ruth Dreifuss verteidigte vor den Medien das Gesetz, das sie seinerzeit «im Endstadium der Schwangerschaft» von Flavio Cotti übernommen hatte: «Ohne KVG wäre alles noch viel schlimmer.» Um den Prämienauftrieb zu dämpfen, will Dreifuss auf die Forderungen nach mehr Wettbewerb einsteigen. So will sie nicht mehr stur an der freien Arztwahl festhalten, wenn im Gegenzug die Krankenkassenprämien sozialer werden. Im Bundesrat stiess aber ihr Vorschlag, die nicht ausgeschöpften Prämienverbilligungsgelder in Höhe von rund 500 Millionen Franken zur Reduktion der Kinderprämien zu verwenden, auf wenig Gegenliebe.

*«Seit seiner letzten Prämienabrechnung verhält er sich so seltsam.»*

## Krisenmanager an die Gesundheitsfront?

Seit der Einführung des KVG im Jahre 1996 sind die Kosten in der Grundversicherung vor allem durch höhere Ausgaben für Spitäler und Medikamente sowie durch die höhere Ärztedichte um rund ein Drittel angewachsen – eine Entwicklung, die jedes Jahr höhere Krankenkassenprämien verursacht hat, welche besonders Familien mit Kindern und Rentner in finanzielle Engpässe treiben. Um diese Kostenspirale in den Griff zu bekommen, fordern Arbeitgeber und Gewerkschaften Notmassnahmen. Der Schweizerische Arbeitgeberverband fordert die Einsetzung eines Krisenmanagers. Dieser «Delegierte des Bundesrats für Kostensenkung im Gesundheitswesen» soll in einem Massnahmenpaket Vorschläge zur Einsparung von mindestens einer Milliarde Franken machen. Als der Gewerkschaftsbund die neue Lohnrunde mit der Forderung von durchschnittlich drei Prozent eröffnete, verlangte er vom Bund gleichzeitig eine massive Verbilligung der Kinderprämien. Die kleine Lohnerhöhung dürfe nicht vom Prämienschub gleich wieder aufgefressen werden.

«Methoden wie bei der Mafia, nicht wahr, Elsi?»

«Aber, Herr Manser, wegen dieser Inkontinenz müssen wir uns doch nicht gleich schämen.»

**Auch die Helsana ist erkrankt**

Während die Krankenkassenprämien munter weiter in die Höhe klettern, müssen die Krankenversicherer schwere Defizite präsentieren. Auch die grösste Schweizer Krankenversicherung, die Helsana, ist in die Verlustzone abgetaucht und muss einen Unternehmensfehlbetrag in der Rekordhöhe von 386 Millionen Franken ausweisen. Zudem hat Helsana-Chef Manfred Manser melden müssen, dass die Reserven der Kasse dramatisch zusammengesackt sind: von 20,7 auf 6,9 Prozent des jährlichen Prämienvolumens. Sie erreichen damit nicht einmal die Hälfte der gesetzlich vorgeschriebenen Quote von 15 Prozent. Verwaltungsratspräsident Eugen David gab zu, dass man den Anstieg der Versicherungsleistungen unterschätzt und an der Börse unglücklich operiert habe. Zudem habe man nicht wie andere Kassen bei den Rückstellungen gemogelt.

**Das Schauspielhaus ist gerettet**

Die Stimmberechtigten der Stadt Zürich haben zwei Kredite für das angeschlagene Schauspielhaus bewilligt: eine Subventionserhöhung von knapp vier Millionen Franken und eine Beteiligung der Stadt an den Kostenüberschreitungen des Kultur- und Werkzentrums Schiffbau. Die Abstimmung entwickelte sich zu einem Plebiszit für den künstlerischen Direktor Christoph Marthaler, der trotz seiner internationalen Erfolge mit seinen Inszenierungen in seiner Heimatstadt umstritten ist. Eine knappe Mehrheit hat sich aber von den moralsauren Argumenten selbst ernannter Sittenwächter und steuerzahlender Tugendbolde, die dem «Unterhosentheater» den Geldhahn zudrehen wollten, nicht irremachen lassen. Ein Denkzettel für Marthaler hätte leicht zum Totenschein für das traditionsreiche Zürcher Kulturinstitut werden können.

«He, hallo, nicht ziehen – die Zürcher habens bewilligt!»

*«Dass wir uns recht verstehen: Diese Preise bezahle ich Ihnen.»*

**Bald Geld für ein Herz?**

Der chronische Mangel an Spenderorganen, der in allen Industriestaaten zu einem immer gravierenderen Problem wird, hat unter den Transplantationsmedizinern eine Diskussion ausgelöst, ob man sich auch in Zukunft nur auf den guten Willen von Spendern verlassen solle. Tatsache ist, dass die Spendefreudigkeit sinkt und deshalb viele Patienten sterben müssen, während die Transplantationsmedizin bereits zur Routine geworden ist. Deshalb sind führende deutsche und amerikanische Fachärzte der Meinung, nur mit einer Kommerzialisierung der Spende könne die Organknappheit beseitigt werden. Laut Wirtschaftsnobelpreisträger Gary Becker müsste eine Niere 10 000 Dollar kosten, eine halbe Leber das Doppelte. Ein globaler Organhandel hätte allerdings unabsehbare Folgen. Für das neue schweizerische Transplantationsgesetz, das vor der parlamentarischen Behandlung steht, ist die Kommerzialisierung von Organspenden jedenfalls kein Thema.

### Die Spirale der Gewalt im Nahen Osten

Die Befürchtung, dass mit dem Amtsantritt von Ariel Sharon als israelischem Regierungschef der Friedensprozess von Oslo völlig gestoppt werde, hat sich bewahrheitet, nachdem die Mitverantwortung des Ex-Generals für die Massaker in den Flüchtlingslagern Sabra und Shatila 1982 im Libanon-Feldzug nie geklärt worden ist. Mit einer dramatischen Verschlechterung der israelisch-palästinensischen Beziehungen ist der Nahe Osten in einen Teufelskreis geraten: Anschläge, Gegenschläge, neue Selbstmordattentate, neue Vergeltungsaktionen. Und jedes Mal nehmen Gewalt und Gegengewalt noch zu. Der Terror der Al-Aqsa-Brigaden und anderer militanter Organisationen ist die Folge und nicht die Ursache, das einzige Gegenmittel der Palästinenser gegen die erdrückende Übermacht der Besetzer. Hinzu kam, dass Sharon sei-

«Ariel, du hast das falsche Plakat in der Hand.»

Sharons Friedensspur

nen Gegenspieler Yassir Arafat für jeden einzelnen Anschlag persönlich verantwortlich machte. Palästinensische Regierungsgebäude, Polizei-, Radio- und Fernsehstationen, zu einem grossen Teil aus Mitteln der EU aufgebaut, wurden systematisch zerstört. Die Arabische Liga rief die Uno auf, den israelischen Staatsterrorismus zu stoppen. Die Nahostpolitik der USA wurde scharf kritisiert: Die einseitige Bevorzugung Israels gebe dem Land das Gefühl, über dem internationalen Recht und den Uno-Resolutionen zu stehen. Immerhin scheiterte Sharon bei seinen Besuchen im Weissen Haus, Präsident George W. Bush ganz auf seinen harten Kurs einzuschwören und Arafat völlig fallen zu lassen.

«Sage halt, wenn dir dieser Tisch nicht passt, Yassir.»

«Wenn ich den Patienten recht verstehe, dann möchte er von Ihnen eine Lizenz zum Töten.»

*«Selbstverständlich sind das erst ein paar Vorschläge, und ihr könnt sie auch ergänzen.»*

### Adieu les Bleus: Debakel des «Dreamteams»

Nach vierjähriger Regentschaft hat Welt- und Europameister Frankreich seinen Thron abrupt und vorzeitig schon nach der Vorrunde der Fussball-Weltmeisterschaft geräumt: Das «Dreamteam» schoss in einer vermeintlich leichten Gruppe in drei Spielen kein einziges Tor und schied zur Konsternation der «Grande Nation» sensationell aus dem Turnier aus, während WM-Neuling Senegal und Dänemark eine Runde weiter kamen. Nationalcoach Roger Lemerre hatte es versäumt, die erfolgverwöhnten und nun tief gedemütigten «Bleus» zu verjüngen. Überhaupt machten in diesem in Korea und Japan ausgetragenen Welttournier die Aussenseiter von sich reden, obwohl im Final mit Brasilien und Deutschland sich schliesslich zwei mehrfache Weltmeister gegenüberstanden, wobei die südamerikanischen Ballkünstler ihren fünften Titel erkämpften. Für Schlagzeilen und erregte Diskussionen in den Stadien und weltweit an den Bildschirmen sorgten aber vor allem die Schiedsrichter und ihre Assistenten an den Seitenlinien mit skandalösen Fehlentscheiden. Der umstrittene, aber glanzvoll wieder gewählte Fifa-Präsident Joseph Blatter versprach, an der WM 2006 in Deutschland besser ausgebildete Referees pfeifen zu lassen.

*«Verdammt, hier riechts nach Cognac! Ich werde flambiert.»*

### Maurer suspendiert Zürcher Kripo-Chefin

Die Krise rund um die Zürcher Stadtpolizei, die wegen brutaler Übergriffe einzelner Beamter in die Schlagzeilen geraten war, hat einen neuen Höhepunkt erreicht und ihrer unter medialem Dauerbeschuss stehenden Chefin, der SP-Stadträtin Esther Maurer, weitere Rücktrittsempfehlungen eingebracht. Diesmal muss sie die oberste Kriminalpolizistin Silvia Steiner aus dem Verkehr ziehen, was die Polizeivorsteherin mit dem «gestörten Vertrauensverhältnis zwischen der politischen Führung und der Kripo-Chefin» begründet. Den Hintergrund bildet ein Verkehrsunfall, in den Steiners Ehemann mit einem Blutalkoholgehalt von über zwei Promille verwickelt war. Die Kripo-Chefin, die auf dem Nachhauseweg zufällig am Unfallort auftauchte, soll versucht haben, die Polizei aus dem Spiel zu lassen, und soll sich damit der Begünstigung schuldig gemacht haben. Sie hat es auch unterlassen, ihre Vorgesetzten über den Vorfall zu informieren, und auch nachträglich kein Verständnis für diese Notwendigkeit gezeigt.

**US-Schatten über dem Weltstrafgerichtshof**

Die USA tun sich schwer mit dem Internationalen Strafgerichtshof (ICC), der in Den Haag seine Arbeit aufgenommen hat. Damit können nun weltweit Verbrechen gegen die Menschlichkeit, Kriegsverbrechen und Völkermord geahndet werden. Der US-Senat hat sogar ein Gesetz gutgeheissen, das dem Präsidenten erlauben soll, amerikanische Soldaten unter Anklage mit Waffengewalt aus Den Haag zu «befreien». Die Regierung des Präsidenten Bush hat angekündigt, dass sich die USA nur noch an Uno-Einsätzen beteiligen wollen, wenn ihren Soldaten rechtliche Immunität vor dem Strafgerichtshof zugesichert wird. Zudem bemüht sich Washington, mit einzelnen Staaten Sonderabkommen über die Nichtüberstellung von US-Staatsbürgern an den ICC abzuschliessen. Der Bundesrat hat diesem Begehren eine klare Absage erteilt: US-Soldaten, die eines Kriegsverbrechens beschuldigt werden, würden von der Schweiz an den Weltstrafgerichtshof ausgeliefert.

«Wie lang braucht es, bis ein Karadzic Amerikaner ist?»

### «Stoppt die globalen Bush-Feuer»

Weil im Zeichen des wachsenden europäischen Antiamerikanismus 250 Organisationen und linke Parteien mit Slogans wie «Krieg ist Terror – Stoppt die globalen Bush-Feuer» zu Grossdemonstrationen gegen den «schiesswütigen Cowboy im Weissen Haus» aufgerufen hatten, ging der Besuch des US-Präsidenten George W. Bush in Berlin unter strengsten Sicherheitsmassnahmen im hermetisch abgeriegelten Regierungsviertel über die Bühne. Aber Bush wollte nicht nur vor dem Bundestag in einer Grundsatzrede strategische Überlegungen zur Fortsetzung des Kampfes gegen den Terrorismus und die «Achse des Bösen» vortragen. Höhepunkt seiner Europa-Tour war die Unterzeichnung eines weit reichenden nuklearen Abrüstungsabkommens mit dem russischen Präsidenten Wladimir Putin in Moskau. Und in Rom half er, den «Rat der 20» aus der Taufe zu heben. Dieses Gremium, das neben den 19 Nato-Mitgliedstaaten auch Russland umfasst, soll beitragen, die letzten Überreste das Kalten Krieges zu überwinden.

**G-8 will Afrika helfen**

Die im kanadischen Kananaskis tagenden Staats- und Regierungschefs der wichtigsten Industriestaaten und Russlands (G-8) haben einen Schuldenerlass in Höhe von einer Milliarde Dollar für die ärmsten Länder der Welt beschlossen. Von dieser Hilfe, die von internationalen Hilfsorganisationen als «Tropfen auf den heissen Stein» kritisiert wird, können bis zu 22 afrikanische Staaten profitieren. Am G-8-Gipfel nahmen erstmals vier afrikanische Staatschefs, darunter der südafrikanische Präsident Thabo Mbeki sowie sein nigerianischer Amtskollege Olusegun Obasanjo, teil. Sie stellten den Gastgebern das von ihnen entwickelte Projekt der Neuen Partnerschaft für die Entwicklung Afrikas (Nepad) vor, das in Misswirtschaft, Korruption, Bürgerkriegen und ethnischen Spannungen die Hauptursachen für die Armut in Afrika sieht. Es verspricht, Remedur zu schaffen, und erwartet als Gegenleistung faire Handelsbeziehungen, Schuldenerlasse, Hilfe beim Ausbau der Infrastruktur und vor allem private Investitionen. Schwarzafrika ist heute mit 206 Milliarden US-Dollar verschuldet.

*«Mehr können wir nicht geben.»*

«Eigentlich beschämend, dass ich wegen der ständigen Sparübungen meine Wäsche selber waschen muss.»

**Botschafter im Bundeshaus verhaftet**

Der von Bundesrat Joseph Deiss aus Luxemburg nach Bern zitierte Schweizer Botschafter Peter Friederich ist im Bundeshaus verhaftet und unter dem Verdacht der Geldwäscherei in Untersuchungshaft gesetzt worden, als er nach einer kurzen Unterredung mit dem Aussenminister dessen Amtszimmer verliess. Den Verdacht hatten Finanztransaktionen ausgelöst, die der Kuba- und Vietnam-erprobte Diplomat Ende 2001 tätigte. Es ging um vier Bareinzahlungen von insgesamt 1,1 Millionen Franken auf sein privates Konto bei einer Luxemburger Bank, wobei die Gelder innert weniger Tage auf Konten in der Schweiz transferiert wurden. Nach Ansicht der Bundesanwaltschaft stammten sie aus dem internationalen Drogenhandel. Der 60-jährige Friederich räumte zwar ein, seine Transaktionen stünden einem Botschafter schlecht an, doch bestritt er, in Geldwäscherei und Drogenhandel verwickelt zu sein. Hingegen gestand er im Verlauf der Ermittlungen, Dokumente gefälscht und Beihilfe zur Steuerflucht geleistet zu haben.

## Schröder halftert Scharping ab

Der wegen der schlechten Wirtschaftslage und der steigenden Arbeitslosenzahlen mit seinem Macher-Image ohnehin unter Druck geratene Bundeskanzler Gerhard Schröder musste sich neun Wochen vor der Bundestagswahl entschliessen, seinen Verteidigungsminister Rudolf Scharping zu entlassen. Der einstige Hoffnungsträger und Kanzlerkandidat der SPD hatte sich eine ganze Reihe von Pannen und Peinlichkeiten geleistet. Seine Mallorca-Eskapaden hatten nicht zuletzt in den eigenen Reihen für Aufregung gesorgt. Jetzt stolperte Scharping über einen Bericht in der Hamburger Illustrierten «Stern», die von Honorarzahlungen eines PR-Beraters an Scharping in Höhe von 140 000 DM wusste und darauf hinwies, dass deutschen Ministern per Gesetz jegliche Nebeneinnahmen untersagt sind. Obwohl Scharping geltend machte, dass es sich um Leistungen von vor seiner Regierungszeit gehandelt habe, blieb Schröder diesmal hart. Die Basis für eine gemeinsame Arbeit sei nicht mehr gegeben, erklärte er. Es war bereits der achte Ministerwechsel in seiner rot-grünen Regierungskoalition.

«4 182 435 ... 4 182 436 Arbeitslose ... 4 182 437 ... und da ist noch der Herr Verteidigungsminister ...»

## Bern soll mit Pharmaindustrie reden

An der Welt-Aids-Konferenz in Barcelona forderte die Organisation Médecins Sans Frontières die Schweiz auf, sich für ein Recht der armen Völker auf Gesundheit einzusetzen. Vor allem solle die Schweizer Regierung in einen Dialog mit der Pharmaindustrie treten, um diese zu einer Änderung ihrer Preispolitik zu veranlassen. Nach neuen Schätzungen ist die Zahl der HIV-Infizierten weltweit auf 36 Millionen gestiegen, von denen 95 Prozent keinen Zugang zu den teuren Medikamenten haben. Für den Kampf gegen diese «schlimmste Seuche der Menschheit» seien mittlerweile zehn Milliarden Dollar jährlich nötig, erklärte Peter Piot, Vorsitzender der Unaids, einer Unterorganisation der Uno.

**Empörung über den «Rentenklau»**

Die von der Justizministerin Ruth Metzler initiierte und vom Gesamtbundesrat überraschend beschlossene Senkung des Mindestzinssatzes für die Pensionskassengelder von vier auf drei Prozent hat quer durch das politische Spektrum empörte Reaktionen ausgelöst. Gewerkschaftsfunktionäre sprachen gar von einer «undemokratischen Nacht-und-Nebel-Aktion» und von «Rentenklau». Aber auch Sozialversicherungspolitiker aus dem bürgerlichen Lager forderten von den Versicherungskonzernen mehr Transparenz über Gewinne und Reserven und wollten wissen, ob sich die in den guten Jahren erwirtschafteten Milliarden in Luft aufgelöst hätten. Bundesrätin Metzler wurde vorgeworfen, ihr und ihrem Bundesamt für Privatversicherungen mangle es an Distanz zur Versicherungswirtschaft. Dem jüngsten Mitglied der Landesregierung wurde besonders angekreidet, noch am Vorabend des bundesrätlichen Entscheids mit dem neuen Rentenanstalt-Chef Roland Chlapowski telefoniert und dabei zusätzliche Munition erhalten zu haben: Die Rentenanstalt hatte zuvor gedroht, aus dem BVG-Geschäft auszusteigen, wenn der nicht mehr zu erwirtschaftende Zinssatz nicht gesenkt werde. Metzler bestritt aber vehement, den Assekuranz-Einflüsterungen erlegen zu sein: «Ich bin für Lobbying nicht empfänglich.»

*«Wie Sie sehen: Alles unter Kontrolle!»*

**Bush will Saddam Hussein stürzen**

In Washington laufen die Vorbereitungen für einen Militärschlag gegen den Irak auf Hochtouren. Die US-Regierung will den Diktator Saddam Hussein stürzen – notfalls im Alleingang und ohne Mandat der Vereinten Nationen. Die europäischen Nato-Bündnispartner der USA haben mit Unbehagen zur Kenntnis genommen, dass das Pentagon den Präventivschlag in das Instrumentarium seiner Verteidigungspolitik aufgenommen hat. Ohne Rücksicht auf die grundlegenden Normen des internationalen Rechts werden vorbeugende Militärschläge zum aussenpolitischen Imperativ gegen die «Mächte des Bösen» erhoben. Bagdad hat mit einem überraschenden Angebot auf die sich mehrenden Kriegsdrohungen reagiert: Es hat den Uno-Chefinspektor Hans Blix zu Gesprächen über eine Wiederaufnahme der seit 1998 ausgesetzten Waffeninspektionen in die irakische Hauptstadt eingeladen. Diese Kontrollen, die Saddam Hussein nach dem verlorenen Golfkrieg aufgezwungen wurden, sollen sicherstellen, dass er keine biologischen, chemischen oder atomaren Waffen entwickelt.

**Bush und der Enron-Skandal**

Nicht weniger als elf Kongress-Ausschüsse beschäftigen sich mit dem Konkurs des Energiegiganten Enron, des siebtgrössten Unternehmens der USA, dessen Firmenchef Kenneth L. Lay ein Freund des Präsidenten George W. Bush ist und dessen Wahlkampf finanziell massgebend unterstützt hatte. Ein skrupelloses Management hatte ein biederes texanisches Strom- und Gaswerk übernommen und mit Hilfe von «kreativen» Buchhaltern, gekauften Revisoren und eingeseiften Analysten in eine scheinbare Geldmaschine verwandelt. Als Gouverneur von Texas hatte Bush 1999 ein Energiegesetz erlassen, das Enron den Weg in neue Märkte ebnete. Im Jahre 2000 wies der Vorzeige-Konzern der New Economy einen Umsatz von 101 Milliarden Dollar aus und beschäftigte 21 000 Mitarbeiter, die nun ohne Pensions- und Krankenkasse auf der Strasse standen, derweil die leitenden Manager vor der bislang grössten Pleite der US-Firmengeschichte dank Aktienverkäufen über eine Milliarde Dollar kassiert hatten. «Kenny Boy» Lay hatte bis zum bitteren Ende gravierende Probleme verneint und damit Investoren und Anlageberater getäuscht. Jetzt musste er zugeben, seit 1997 überhöhte Gewinne von 586 Millionen Dollar ausgewiesen zu haben. Er selbst hatte in 13 Jahren über 270 Millionen an Salär, Boni und Optionen bezogen.

*Am Schluss erwischt es die Schuldigen doch noch.*

«Keine Angst – die Rettung ist nah ...»

**Roth sorgt sich um die Konjunktur**

Die Schweizerische Nationalbank (SNB) hat überraschend den Leitzins um 0,5 Prozentpunkte auf 0,25 bis 1,25 Prozent gesenkt. Mit dieser Massnahme will SNB-Präsident Jean-Pierre Roth die stotternde Konjunktur anschieben und die besonders für Exportwirtschaft und Tourismusbranche gefährliche Aufwertung das Frankens als Folge der Börsenkrise stoppen. Mit dieser sechsten Reduktion innert 17 Monaten hat die Nationalbank den Rahmenleitzins um 2,75 Prozentpunkte auf einen historischen Tiefpunkt zurückgefahren. Die für unreflektierte Schnellschüsse nicht bekannte Nationalbank reagiert damit auf die sich verschärfende Wirtschaftssituation nach dem dramatischen Börsensturz, der Milliarden an Buchwerten von Grossanlegern und Kleinsparern vernichtet hat. Die Zinssenkung hat aber auch Bewegung in die Debatte um die Hypothekarzinsen gebracht.

## Mit WorldCom in den Abgrund – und in die Vertrauenskrise

Nach dem Enron-Skandal folgten sich die Firmenzusammenbrüche in den USA Schlag auf Schlag. Oft hatten sie einen kriminellen Hintergrund. Die ersten Manager wanderten hinter Gitter. Besonders schwerwiegend war der Bankrott des Telecom-Riesen WorldCom. Nachdem das Unternehmen die betrügerische Verbuchung von vier Milliarden Dollar eingestehen musste, hatte es jedes Vertrauen verspielt und zunehmend seine Kundschaft verloren. Zu den europäischen Geschädigten gehörte der Versicherungskonzern Zurich Financial Services, der 150 Millionen Franken in den nun zahlungsunfähigen US-Giganten investiert

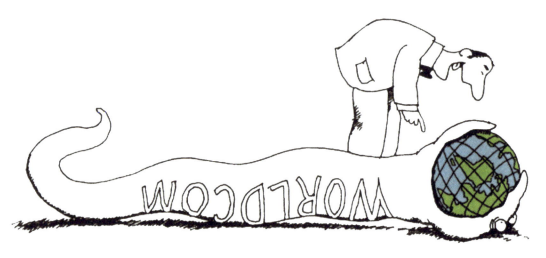

*«Nun, da haben wir uns wohl etwas überfressen?»*

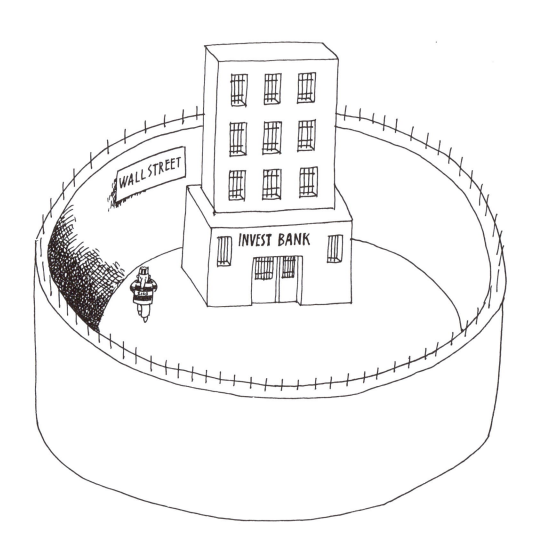

hatte. Der Konkurs des zweitgrössten amerikanischen Telecom-Anbieters hat den Börsen einen entscheidenden Schlag versetzt. Die Anleger warfen vor allem Aktien von Banken und Versicherungen auf den Markt und stürzten damit die Finanzindustrie noch tiefer in die Krise. Aber auch die Popularität des Präsidenten George W. Bush geriet ins Wanken, denn anders als im Kampf gegen den internationalen Terrorismus, waren nun viele Amerikaner direkt von der Krise betroffen, deren Ursachen im eigenen Wirtschaftssystem zu suchen waren. Mit ihm aber war der Mann im Weissen Haus zu sehr liiert, als dass er den sich ausbreitenden Vertrauensschwund im Volk bremsen konnte.

«Was so ein kleiner Golfball bei einem zarten Hirn anrichten kann.»

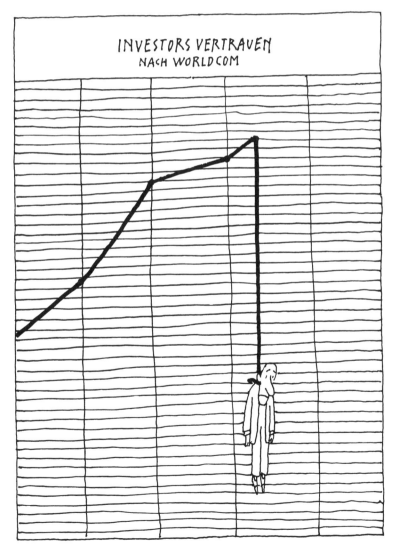

*Der Tod der Börse*

### Ende eines Booms und einer Ära

Der Tanz um das Goldene Kalb ist weltweit ausser Kontrolle geraten. Die amerikanische Krise mit ihren Firmenzusammenbrüchen und dreisten Betrügereien schlägt brutal auf Europa und damit auch auf die Schweiz durch. Der irrationale Börsenboom der letzten Jahre ist in eine Talfahrt und schliesslich in einen dramatischen Kurssturz mit dem anhaltendsten Börsencrash seit dem Ende des Zweiten Weltkriegs übergegangen. Innert Jahresfrist haben die Besitzer von Schweizer Dividendenpapieren fast 45 Prozent ihrer Werte verloren. Die Euphorie ist in Panik umgeschlagen. Eine Ära ist zu Ende gegangen: Die Hochblütezeit des Neoliberalismus ist vorbei.

*Die Fall-Street*

*Lemminge in Panik*

Nun kommt die Politik wieder ins Spiel: Die US-Regierung bereitet entgegen ihren Vorstellungen von einer staatsungebundenen Wirtschaft gesetzliche Massnahmen zu einer stärkeren Überwachung der Unternehmen vor. In der Schweiz fordern sämtliche Parteien mehr Transparenz bei den Spitzenlöhnen, um die abzockenden Manager an die Kandare nehmen zu können. Nicht allein der Fall des ABB-Managers Percy Barnevik, der sich seinen Abschied von dem mittlerweile zum Sanierungsfall gewordenen Elektrotechnik-Konzern mit einer Abfindung von nicht weniger als 148 Millionen Franken vergolden liess, hat für empörte Reaktionen gesorgt.

«Tendenz: fallend»

«Zuerst stürzt der Aktienkurs, dann der Verwaltungsrat in die Tiefe.»

**Visionär mit Bruchlandung**

Die Börsenkrise hat in der Schweiz ein sehr prominentes Opfer gefordert: BZ-Banker Martin Ebner musste in einem Notverkauf seine vier unbescheiden «Visionen» genannten Beteiligungsgesellschaften – und damit den Kern seiner Machtbasis – für 500 Millionen Franken an die Zürcher Kantonalbank verscherbeln, um den Rest seines Imperiums zu retten. Seine Stillhalter Vision hatte innert weniger Monate 39 Prozent verloren, die Pharma Vision war um 42 und die Spezialitäten Vision um 46 Prozent getaucht. Am schlimmsten getroffen hatte es die BK Vision mit einem Minus von 55 Prozent. Für das «Finanzgenie» Ebner und seine 50 000 Kleinanleger resultierte daraus ein Verlust von mindestens 3,2 Milliarden Franken. Weil die Stabilität des Finanzmarktes Schweiz auf dem Spiel stand, unterzeichneten zwölf Gläubigerbanken ein Stillhalteabkommen für weitere ihnen geschuldete 6,5 Milliarden. Der 56-jährige Börsenguru mit der Fliege, der in den Boomjahren als volksnaher Shareholder-Value-Prophet landauf und landab für das Aktiensparen geworben hatte, gestand nur einen Fehler ein: «Das Portfolio war zu wenig differenziert.» Die Visionen waren schwerpunktmässig an Unternehmen wie ABB und Credit Suisse beteiligt, deren Wert sich 2002 halbierte. Dass der Steuerflüchtling Ebner, der sich 1997 von der Limmat in den steuergünstigen Kanton Schwyz abgesetzt und Arm in Arm mit seinem Freund Christoph Blocher die Alusuisse ins Ausland verhökert hatte, mit seinen Visionen und allen damit verbundenen Risiken ausgerechnet vom Zürcher Staatsinstitut aufgefangen wurde, konnte mancher Zürcher Steuerzahler nur schlecht verdauen.

*Das Gesicht verloren*

*Alle schauen auf das brennende Haus, nur nicht Martin, der schaut raus.*

«Was ist schon Ihr Gesichtsausdruck, Herr Ebner, gegen die Ersparnisse von 50 000 Ihrer Kunden?»

**Gewerkschaften halten Mass**

Die Gewerkschaften gehen zurückhaltender als auch schon in die herbstliche Lohnrunde: Sie verlangen für 2003 durchschnittlich drei Prozent mehr und nehmen damit Rücksicht auf die schwierige Situation der Unternehmen. Sie verzichten dabei sogar auf polemische Töne gegen den «Raubtierkapitalismus» gewisser Manager. Aber gerade weil die Wirtschaft schlecht laufe, müssten die Löhne erhöht werden, damit die Konjunktur gestützt werde, argumentiert der Gewerkschaftsbund. Zugleich fordert er vom Bund eine massive Verbilligung der Krankenkassenprämien für Kinder. Die kleine Lohnerhöhung dürfe vom Prämienschub nicht gleich wieder aufgefressen werden.

«... und die Prämie 10 Prozent höher wird.»

*Hans K. Studer hat zwischen 1980 und 2001 alle 19 Sammelbände mit Nico-Karikaturen zur Zeitgeschichte getextet. 1925 in St. Gallen geboren, arbeitete er von 1946 bis 1961 als Redaktor bei den Zürcher Bildpresse-Agenturen ATP und Photopress. Danach hat er 30 Jahre als Auslandredaktor, Bildredaktor und Leiter des Ressorts «Frontseite und Reportagen» Inhalt und Gesicht des «Tages-Anzeigers» mitgeprägt. Von 1956 bis 1961 war er zudem Redaktor der deutschsprachigen Ausgabe der «Weltrundschau» und von 1962 bis 1971 Chefredaktor dieses internationalen Jahrbuchs sowie Herausgeber der Werke «J. F. Kennedy – Mensch und Staatsmann» und «Tschechoslowakei August 68».

# Erlkönig, für Nico
# von Hubert Hagenbuch

Wer reitet so kühn durch coupiertes Gelände?
Wer bringt seine Arbeit blitzartig zu Ende,
indem er Fakten und Formen verbindet
und dabei die zündende Pointe findet?

Wenn andere lange beim Kafi noch sitzen,
spürt man, wie bei ihm die Ideen schon blitzen.
Wer redet so leise? Wer lächelt so faunisch?
Wer stichelt so boshaft? Wer ist manchmal launisch?

Wer schlägt – sofern er schon etwas getrunken –
aus jedem Stein einen zündenden Funken
und faxt dann das Kunstwerk, das flink er gemacht
aus Olten dem «Tagi» am Abend um acht?

(Dank seinen bizarren und witzigen Sachen
hat auch Coninx manchmal noch etwas zu lachen ...)

\*\*\*

Herr Borer bohrt – und schon zittert das Land.
In Frankreich macht Chirac die hohle Hand.
Der Schiffbau zu teuer und Blocher zu grob.
Frank A. Meyer sucht einen neuen Job ...

Frau Maurer löst nun ihr Presseproblem
nach dem bewährten Straussen-System.
Es weigert sich dieses bezaubernde Wesen
am Morgen früh noch den «Tagi» zu lesen.

Sie sagt sich mit dem ihr eignen Humor:
Ich weiss doch, was drin steht, ich komme ja vor!

Bald fusionieren – welch gute Idee! –
die Kreditanstalt und die Heilsarmee,
denn Letztere hilft zu jeglicher Frist,
dort, wo das Elend am grössten ist.

Frau Metzler bringt man mit roher Gewalt
in eine Heil- und Rentenanstalt.
Dort kann sie mit Ebner – bitte nicht lachen! –
lebenslang einen Schieber machen.

Schon sammelt als Folge vom Börsenkrach
das Fastenopfer für Freienbach.
Rolf Hüppi ernährt seine Kinderschar
mit Fohlenfilets und mit «Lisi Tartar».

In Lumpen sitzt eine Jammergestalt
vor dem grossen Portal der Kreditanstalt
und bettelt per Pappschild Passanten an:
Drauf steht: «Hungrig, obdachlos, Mühlemann!»

Und zur Verstärkung der höflichen Bitte
geigt er nach alter Väter Sitte
Beethovens Neunte, muss man betonen:
«Seid verschlungen, Millionen!»

\* \* \*

Ein Ausbruch des Wahnsinns, ein Tanz um das Geld,
ein endloser Zirkus, so ist unsre Welt.
Je verrückter sie ist, desto reicher an Bildern –
Wer sieht sie nicht nur? Wer kann sie auch schildern?

Meist schwarz-weiss und ohne mildernden Raster
geisselt er Pannen, Pleiten und Laster.
Und wenn man den Text nicht so richtig versteht
(was einem beim «Tagi» öfters so geht)
hilft uns dieser Künstler, den Sinn zu erfassen.

Wir hoffen, dass sie ihn noch lange lassen!

Jetzt schickt ihm Frau Dreifuss am letzten Tag
des Monats noch einen schönen Betrag.

Was ist das, Freunde, für eine Welt,
wo ein solcher Mann schon Rente erhält?

Wer ist es denn, der in unserer Stadt
zehnmal mehr Fans als die Grasshoppers hat?

Wer bringts auf den Punkt?
Wer bringts auf den Strich?

Lieber Nico – gut, haben wir dich!

*Frank Lübke, geb. 1957, ist Journalist und Publizist. Er arbeitete als Reporter, Nachrichtenchef, Produzent und Chefredaktor bei verschiedenen grossen Verlagen, bevor er den Schritt zum freien Journalisten wagte. Heute ist sein Hauptmandat die Geschäftsführung einer Nonprofit-Organisation im Bereich der Menschenrechte. Er ist Chefredaktor des sechsmal jährlich erscheinenden Grasshopper-Magazins. Frank Lübke lebt mit seiner Familie in Zürich-Affoltern.*